中等职业教育财经商贸类系列教材

电子商务专业校企合作创新成果

电子商务基础

DIANZI SHANGWU JICHU

主　编◎张成武

副主编◎刘　勇　任嫚嫚

北京师范大学出版集团
BEIJING NORMAL UNIVERSITY PUBLISHING GROUP

北京师范大学出版社

图书在版编目（CIP）数据

电子商务基础 / 张成武主编. — 北京：北京师范大学出版社，
2020.4（2023.6重印）
　ISBN 978-7-303-25287-9

　Ⅰ. ①电⋯　Ⅱ. ①张⋯　Ⅲ. ①电子商务－中等专业学
校－教材　Ⅳ. ①F713.36

中国版本图书馆CIP数据核字(2019)第252669号

教 材 意 见 反 馈：　gaozhifk@bnupg.com　010-58805079
营 销 中 心 电 话：　010-58802755　58801876

DIANZI SHANGWU JICHU
出版发行：北京师范大学出版社 www.bnup.com
　　　　　北京新街口外大街12-3号
　　　　　邮政编码：100088
印　　刷：天津旭非印刷有限公司
经　　销：全国新华书店
开　　本：889mm×1194mm　1/16
印　　张：11.25
字　　数：275千字
版　　次：2020年4月第1版
印　　次：2023年6月第5次印刷
定　　价：29.80元

策划编辑：鲁晓双　　　　　　　　责任编辑：鲁晓双
美术编辑：焦　丽　　　　　　　　装帧设计：焦　丽
责任校对：康　悦　　　　　　　　责任印制：马　洁

前　言

　　近年来，我国电子商务交易额一直保持快速增长势头，2017-2021年中国产业电商市场规模（增速）分别为20.5万亿元（22.75%）、22.5万亿元（9.75%）、25万亿元（11.11%）、27.5万亿元（10%）、29.11万亿（5.85%）。2021年天猫双11总交易额5403亿元，创下新高，比2020年4982亿元的交易额增长了8.45%。这让人们看到了我国网络零售市场发展的巨大潜力。截至2022年6月，我国网民规模达到10.51亿，普及率为74.4%。其中，手机网民规模已达10.46亿，网民通过手机接入互联网的比例高达99.6%，网购用户规模达到8.4亿，几乎所有网购者都是用手机购买的，消费者手机上网消费的习惯已被养成。随着电子商务行业的崛起，大量传统企业开始争相涌入电子商务领域，对应从业人才的需求也大量增加。我们牢记为党育人、为国育才的使命，"坚持尊重劳动、尊重知识、尊重人才、尊重创造"，按照党的二十大报告要求，为建设规模宏大、结构合理、素质优良的电子商务行业人才队伍，为把我国建成富强民主文明和谐美丽的社会主义现代化强国贡献力量。

　　本书是一本以《国家职业教育改革实施方案》精神为指导，以课程思政、德技并修、三教改革为抓手，以党的二十大报告"科技是第一生产力、人才是第一资源、创新是第一动力"为指导，按照最新的教育部《中等职业学校专业教学标准》统一要求编写而成。其目的是培养电子商务、移动商务、网络营销等方面技能人才。其特色是突破知识体系界线，强调岗位综合能力训练，以工作流程（项目）或专业能力标准来划分项目，采用"项目"→"任务"→"活动"的方式编写，每个项目设计了2~4个任务，为完成总计20个任务，精心设计了44个活动。全书在任务中贯穿活动，做到讲练结合，每个项目结束，进行项目小结和实战训练检测，每个项目还配有微课、课件、教案、一体化习题及参考答案等教学资源。真正做到由浅入深，学生在学中做，做中学。

　　本书由安徽粮食经济技师学院（安徽科技贸易学校）张成武担任主编，安徽六安技师学院刘勇、淮北工业与艺术学校任嫚嫚担任副主编，张成武负责全书统稿审校等工作。全书编写分工如下：项目1由安徽万通高级技工学校李学君编写、项目2由安徽淮南技工学校王欢编写、项目3由安徽粮食经济技师学院刘晓璇编写、项目4由安徽汽车工业学校卢倩倩编写、项目5由淮北工业与艺术学校任嫚嫚编写、项目6由合肥工业学校景莎莎编写、项目7由阜阳技师学院宋荣荣编写、项目8由六安技师学院刘勇编写。

本书在编写过程中，我们参阅了有关教材、著作和某些网站的网页资料，在此一并表示感谢！

　　由于编者水平有限，时间仓促，书中的不当之处在所难免，恳请广大读者和同行批评、指正。

编　者

目 录
CONTENTS

项目1 认知电子商务

项目概述

电子商务通常是指在全球各地广泛的商业贸易活动中，在互联网开放的网络环境下，基于客户端/服务端应用方式，买卖双方不谋面地进行各种商贸活动，实现消费者的网上购物、商户之间的网上交易和在线电子支付以及各种商务活动、交易活动、金融活动和相关的综合服务活动的一种新型的商业运营模式。随着互联网技术的不断发展，电子商务不仅改变了人们的商务模式，也改变了人们的生活，它也逐渐成为人们必须适应的新的商务交易模式。电子商务自20世纪后期出现后，在短短几十年时间内就成了信息化时代的标志性事物。从本质上来说，电子商务是人类追求工作效率，促进商务活动信息化不断发展的结果，也是一种新的经济形态。电子商务在企业、市场甚至是国家经济运行中扮演着越来越重要的角色。

认知目标

1. 了解电子商务的基本概念。
2. 掌握电子商务的分类。
3. 理解电子商务的发展前景。

技能目标

1. 能对电子商务构成要素进行分析理解。
2. 能简述电子商务的购买过程。

素养目标

1. 培养学习电子商务的兴趣。
2. 增强电子商务独立学习的能力。
3. 具备电商职业岗位工作意识。

任务一　走进电子商务新时代

任务描述

　　王敏是电子商务专业的一名学生，她深知：电子商务作为一种新的沟通和商贸方式，是人类不断追求方便和效率的结果，随着信息技术的进步和互联网在全球的迅速应用普及，电子商务已经成为当今社会经济发展中最强劲的潮流之一。马上就要到母亲节了，平时妈妈在家忙里忙外很辛苦，她想给妈妈买一个礼物，也想借此机会感受一下电子商务带来的新的购物体验。

任务分解

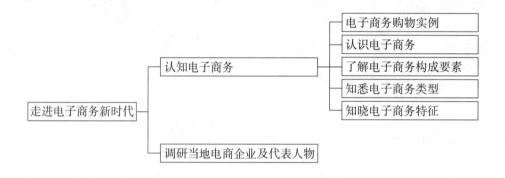

◖◗ 活动一　认知电子商务

一、电子商务购物实例

　　王敏思索再三，决定送给妈妈一块手表，于是她来到了距离学校最近的一家商店的专卖柜台。她问："女款的某系列手表还有货吗？"导购员在电脑上查询后回到："目前店里还没有存货，但明天上午10点能到货。"同时，导购员告诉王敏还可以在他们品牌的官方网店上购买同款的手表，也十分便捷。

　　于是王敏将这一购物实例列出来，帮助大家理解电子商务交易的过程及它的定义。如图1-1-1所示。

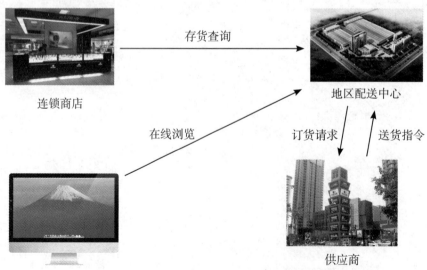

图1-1-1　购物实例流程

二、认识电子商务

电子商务是利用计算机技术、网络技术和远程通信技术，实现整个商务过程中的电子化、数字化和网络化。（图1-1-2）

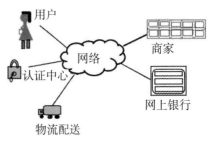

图1-1-2

（一）广义电子商务的定义

广义上讲，电子商务一词源自Electronic Business，就是通过电子手段进行的商业事务活动。广义电子商务指通过使用互联网等电子工具，使公司内部、供应商、客户和合作伙伴之间，利用电子业务共享信息，实现企业间业务流程的电子化，配合企业内部的电子化生产管理系统，提高企业的生产、库存、流通和资金等各个环节的效率。

（二）狭义电子商务的定义

狭义上讲，电子商务（Electronic Commerce，EC）是指：通过使用互联网等电子工具（这些工具包括电报、电话、广播、电视、传真、计算机、计算机网络、移动通信等）在全球范围内进行的商务贸易活动，是以计算机网络为基础所进行的各种商务活动，包括商品和服务的提供者、广告商、消费者、中介商等有关各方行为的总和。人们一般理解的电子商务是指狭义上的电子商务。

（三）联合国国际贸易程序简化工作组对电子商务的定义

联合国国际贸易程序简化工作组对电子商务的定义是：采用电子形式开展商务活动，它包括在供应商、客户、政府及其他参与方之间通过任何电子工具或技术，如电子数据交换技术、Web技术、电子邮件等共享非结构化商务信息，并管理和完成在商务活动、管理活动和消费活动中的各种交易。

三、了解电子商务构成要素

（一）构成要素

电子商务的构成有商城、消费者、产品、物流四个要素。

商城。各大网络平台为消费者提供质优价廉的商品，吸引消费者购买的同时促使更多商家的入驻。

消费者。消费者与生产者及销售者不同，消费者必须是产品和服务的最终使用者而不是生产者、经营者。也就是说，消费者购买商品的目的主要是用于个人或者家庭需要而不是经营或销售，这是消费者最本质的一个特点。作为消费者，其消费活动的内容不仅包括为个人和家庭生活需要而购买和使用产品，还包括为个人和家庭生活需要而接受他人提供的服务。

产品。产品是指能够提供给市场，被人们使用和消费，并能满足人们某种需求的东西，包括有形的物品，无形的服务、组织、观念或它们的组合。产品一般可分为五个层次，即核心产品、基本产品、期望产品、附加产品、潜在产品。核心产品是指整体产品提供给购买者的直接利益和效用，基本产品是核心产品的宏观化。

物流。根据物质资料实体流动的规律，应用管理的基本原理和科学方法，对物流活动进行计划、组织、指挥、协调、控制和监督，使各项物流活动实现最佳的协调与配合，降低物流成本，提高物流效率和经济效益。现代物流管理是建立在系统论、信息论和控制论的基础上的。

（二）关系

买卖。各大网络平台为消费者提供质优价廉的商品，吸引消费者购买的同时促使更多商家的入驻。

合作。与物流公司建立合作关系，为消费者的购买行为提供最终保障，这是电商运营的硬性条件之一。

服务。物流主要为消费者提供购买服务，从而实现再一次的交易。

（三）关联对象

电子商务的形成与交易离不开以下四个关联对象。

1. 交易平台

第三方电子商务平台（简称第三方交易平台）是指在电子商务活动中为交易双方或多方提供交易撮合及相关服务的信息网络系统总和。

2. 平台经营者

第三方交易平台经营者（简称平台经营者）是指在工商行政管理部门登记注册并领取营业执照，从事第三方交易平台运营并为交易双方提供服务的自然人、法人和其他组织。

3. 站内经营者

第三方交易平台站内经营者（简称站内经营者）是指在电子商务交易平台上从事交易及有关服务活动的自然人、法人和其他组织。

4. 支付系统

支付系统（Payment System）由提供支付清算服务的中介机构和实现支付指令传送及资金清算的专业技术手段共同组成，用以实现债权债务清偿及资金转移的一种金融安排，有时也称为清算系统（Clear System）。

四、知悉电子商务类型

按照商业活动的运行方式，电子商务可以分为完全电子商务和非完全电子商务。

按照商务活动的内容，电子商务主要包括间接电子商务（有形货物的电子订货和付款，仍然需要利用传统渠道如邮政服务和商业快递车送货）和直接电子商务（无形货物和服务，如某些计算机软件、娱乐产品的联机订购、付款和交付，或者是全球规模的信息服务）。

按照开展电子交易的范围，电子商务可以分为区域化电子商务、远程国内电子商务、全球电子商务。

按照使用网络的类型，电子商务可以分为基于专门增值网络的电子商务、基于互联网的电子商务、基于企业内部网络的电子商务。

按照交易对象，电子商务可以分为企业对企业的电子商务，企业对消费者的电子商务，企业对政府的电子商务，消费者对消费者的电子商务，代理商、企业、消费者相互转化的电子商务，以消费者为中心的全新商业模式，以供需方为目标的新型电子商务。

1. 企业对企业的电子商务（Business to Business，B2B）

商家（泛指企业）对商家的电子商务，即企业与企业之间通过互联网进行产品、服务及信息的交换。通俗的说法是指进行电子商务交易的供需双方都是商家，它们使用互联网技术或各种商务网络平台（如拓商网），完成商务交易的过程。这些过程包括：发布供求信息，订货及确认订货，支付过程，票据的签发、传送和接收，确定配送方案并监控配送过程等。

2. 企业对消费者的电子商务（Business to Customer，B2C）

B2C模式是中国最早产生的电子商务模式，如今的B2C电子商务网站非常多，比较大型的有天猫、京东、一号店、亚马逊、苏宁易购、国美在线等。

3. 企业对政府的电子商务（Business to Government，B2G）

B2G模式是企业与政府管理部门之间的电子商务，如政府采购，海关报税的平台，国税局和地税局报税的平台等。

4. 消费者对消费者的电子商务（Consumer to Consumer，C2C）

C2C同B2B、B2C一样，是电子商务的几种模式之一。不同的是C2C是用户对用户的模式，C2C商务平台就是通过为买卖双方提供一个在线交易平台，使卖方可以主动提供商品上网拍卖，而买方可以自行选择商品进行竞价。

5. 代理商、企业、消费者相互转化的电子商务（Agent、Business、Consumer，ABC）

ABC模式是新型电子商务模式的一种，被誉为继阿里巴巴B2B模式、京东B2C模式以及淘宝C2C模式之后电子商务界的第四大模式。它是由代理商、企业和消费者共同搭建的集生产、经营、消费为一体的电子商务平台。三者之间可以转化。大家相互服务，相互支持，你中有我，我中有你，真正形成一个利益共同体。

6. 以消费者为中心的全新商业模式（Customer to Business-Share，C2B2S）

C2B2S模式是C2B模式的进一步延伸，该模式很好地解决了C2B模式中客户发布需求产品初期无法聚集庞大的客户群体而致使与邀约的商家交易失败的问题。全国首家采用该模式的平台：晴天乐客。

7. 以供需方为目标的新型电子商务（Provide to Demand，P2D）

P2D是一种全新的、涵盖范围更广泛的电子商务模式，强调的是供应方和需求方的多重身份，即在特定的电子商务平台中，每个参与个体的供应面和需求面都能得到充分满足，充分体现特定环境下的供给端报酬递增和需求端报酬递增。

五、知晓电子商务特征

（一）普遍性

电子商务作为一种新型的交易方式，将生产企业、流通企业以及消费者和政府带入了一个网络经济、数字化生存的新天地。

（二）方便性

在电子商务环境中，人们不再受地域的限制，能以非常简捷的方式完成过去较为繁杂的商业活动。如通过网络银行能够全天候地存取账户资金、查询信息等，同时使企业对客户的服务质量得以大大提高。在电子商务商业活动中，人们可以开发大量的人脉资源，从业时间灵活。

（三）整体性

电子商务能够规范事务处理的工作流程，将人工操作和电子信息处理集成为一个不可分割的整体，这样不仅能提高人力和物力的利用率，也可以提高系统运行的严密性。

（四）安全性

党的二十大报告指出："坚定维护国家政权安全、制度安全、意识形态安全，加强重点领域安全能力建设，确保粮食、能源资源、重要产业链供应链安全。"因此，在电子商务中，安全性是一个至关重要的核心问题，它要求网络能提供一种端到端的安全解决方案，如加密机制、签名机制、安全管理、存取控制、防火墙、防病毒保护等，这与传统的商务活动有着很大的不同。

（五）协调性

商业活动本身是一种协调过程，它需要客户与公司内部、生产商、批发商、零售商间的协调。在电子商务环境中，它更要求银行、配送中心、通信部门、技术服务等多个部门的通力协作，电子商务的全过程往往是一气呵成的。

活动二　调研当地电商企业及代表人物

经典案例1

16岁职校学生创业月营收9万

在某中职学校，电子商务专业是充满活力的专业，每一年都会有同学满载收获毕业，也会有新生力量的成长，不断超越，成为新的标杆性人物。我们一起近距离看看电商专业的代表性人物——杨国庭同学的成长历程。

杨国庭2014年9月踏入校门，刚入学时，他对电商一无所知，在教师的悉心指导下，他学做网店，一步步完成店铺注册、货源寻找、宝贝发布、店铺运营、售前售后处理等工作。幸运的是，前期货源选择合理，店铺慢慢火了起来，从"0信誉店铺"成长为"钻石级店铺"。开心不久，他碰到了伤脑筋的事情，面对瞬息万变的淘宝市场，他感到了自己的渺小，因不懂得怎么适应市场变化，销量一天天下滑。他焦虑起来，寻找突围的方法……这时，学校教师知道他的情况后，与他进行了市场分析，告诫他如何应对市场的变化。在教师的指导下，他开始对淘宝环境、规则和货源重新进行了认识和研究，经过1个多月的努力，店铺业绩开始攀升。到现在，他一共拥有4间店铺，两个类目，经营产品主要瞄准棉拖鞋、手机壳以及高端路由器等，繁忙之时一天可以走货几百件，月营业额超过9万。

杨国庭性格比较腼腆。当问及他从事电商最大的感受是什么时，他仍然一脸腼腆地笑着说："终于可以自己养活自己了。"

深圳是职业教育和职校学子的"福地"，因为这里企业多，产业旺，人才需求多，产教融和比任何一个地方都急迫、都需要。电子商务毫无疑问已经成为当前最重要的产销方式，利用电子商务人们可以大胆地进行多行业的跨界融合。比尔·盖茨说过，这个世界要么就无商可务，要么就是电子商务。电子商务创业的春天来了！

（案例来源于网络。）

经典案例2

田小敏——移动电商的杰出女性代表

田小敏（阿宝），毕业于江西财经大学，具有经商头脑，对互联网时代下的商业模式有着深刻研究，曾经创办了知名的雅丽莎化妆品有限公司，现任贵州博宝鑫商贸有限公司董事长。

田小敏是一个商业天才，早在学校的时候，就对经商颇感兴趣，时常背着一个包，独自一人走在各大商场，拿着一个笔记本仔细分析化妆品产品的工艺，对各品牌产品进行分类，观察何种商品畅销，并分析畅销的原因何在，有时候在商场里一待就是一天，如此慢慢总结出其中的规律，并运用到自己的商业体系当中。

苍天总是不会辜负如此勤奋而聪明的人，在她19岁那年，当别的同学在温暖的象牙塔里时，她已经在商场里打拼多时，并在化妆品行业中做得风生水起，凭借犀利精准的商业眼光，以及对产品挑剔的标准，短短一年中挣了100万，成了同学们眼中膜拜的风云人物。

在刚刚毕业的那两年，她成功创办了雅丽莎化妆品有限公司，很快资产积累了近1000万，品牌市场估值3000万，她成了化妆品行业当中的大咖级人物，一度登上了中国财经风云榜，那个时候她才24岁，是万众瞩目的焦点，是众人口中的传奇人物。

也许一切都显得过于顺利，在她26岁那年天公不作美，给她华丽的人生里蒙上了一层灰，公司倒闭了，和她一同打拼多年的同事以及合伙人一夜之间离她而去，一切都太突然了，但一切都不是终点。

在竞争激烈的市场当中，田小敏精准把握当下时代的商业脉搏，转而投身到移动电商中。因为积累了丰富的商场作战经验以及行业知识，田小敏用了短短不到三年的时间，成功创办了贵州博宝鑫商贸有限公司，专业从事日用百货、美容美发等产品服务，采用线上的商业模式，省去了高昂的实体店运营费用，又满足了当下随时随地购物娱乐的消费趋势。这在当地是极为成功的商业案例。

（案例来源于网络。）

？【想一想】

随着电子商务的快速崛起，电子商务专业人才奇缺。当前电子商务领域需要哪类人才呢？

党的二十大报告指出："青年强，则国家强。当代中国青年生逢其时，施展才干的舞台无比广阔，实现梦想的前景无比光明。""广大青年要坚定不移听党话、跟党走，怀抱梦想又脚踏实地，敢想敢为又善作善成，立志做有理想、敢担当、能吃苦、肯奋斗的新时代好青年，让青春在全面建设社会主义现代化国家的火热实践中绽放绚丽之花。"

目前电子商务急需以下三类人才。

首先是高端电商管理人才。电商涉及海关、金融、商检、保险、运输、外贸管理各个环节，它的应用需要各有关方面建立一种相互协作的合作关系。在这一过程中，需要通晓电商全局，能从战略的角度上分析和把握电商发展特点和趋势的复合型人才。

其次是实战能力强的操作人才。这种人才需要精通现代商务活动，充分了解商务需求，同时具备足够的电商知识，善于提出满足商务需求的电商应用方案。这一层次的人员是庞大的群体，他们一般不需要太深入了解电商所涉及的技术细节，但要知道如何在线上开展商务活动，如何使用网络提供的快捷方便的功能来服务于商务活动。

最后是拥有专业能力的技术人才。这类人才能捕捉电子商务技术的最新进展，同时具备足够的现代商务知识，善于理解商务需求，并能够用有效的技术手段实施，能着眼于电子商务的技术方面，如网络建设、系统管理、网页制作、程序开发等来开展工作。

任务二　了解电子商务发展历程

任务描述

通过学习和亲身经历，以及和身边同学的交流，王敏已经了解了电子商务的定义、分类及特征，她对电子商务的发展历程产生了兴趣，她决定不仅要了解移动电子商务、跨境电子商务、农村电子商务相关知识，还要展望电子商务发展的前景。

任务分解

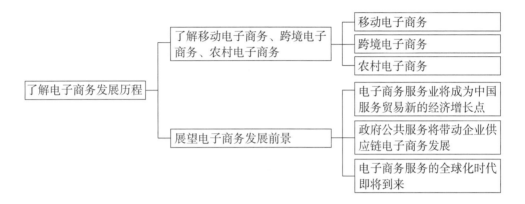

⏩ 活动一　了解移动电子商务、跨境电子商务、农村电子商务

一、移动电子商务

移动电子商务（M-Commerce），它由电子商务（E-Commerce）的概念衍生而来。电子商务以计算机为主要界面，是有线的电子商务；而移动电子商务就是利用手机、掌上电脑等无线终端进行的B2B、B2C、C2C或O2O的电子商务。它将互联网、移动通信技术、短距离通信技术及其他信息处理技术完美的结合，使人们可以在任何时间、任何地点进行各种商

图1-2-1　移动5G万物互融

贸活动，实现随时随地、线上线下的购物与交易、在线电子支付以及各种交易活动、商务活动、金融活动和相关的综合服务活动等。移动电子商务正走进5G万物互融新时代（图1-2-1），有人预言，移动电子商务将决定21世纪新企业的风貌，也将改变生活与旧商业的地形地貌。

二、跨境电子商务

跨境电子商务是指分属不同关境的交易主体，通过电子商务平台达成交易、进行支付结算，并通过跨境物流送达商品、完成交易的一种国际商业活动。

财政部、国家税务总局、商务部、海关总署联合发文明确，2018年10月1日起对跨境电子商务综合试验区电商出口企业实行免税新规。2018年11月21日，李克强主持召开国务院常务会议，决定延续和完善跨境电子商务零售进口政策并扩大适用范围，扩大开放更大激发消费潜力；部署推进物流枢纽布局建设，促进提高国民经济运行质量和效率。

按照党中央、国务院决策部署，中国将自2019年1月1日起，调整跨境电商零售进口税收政策，提高享受税收优惠政策的商品限额上限，扩大清单范围。

三、农村电子商务

农村电子商务通过网络平台嫁接各种服务于农村的资源，拓展农村信息服务业务、服务领域，使之兼而成为遍布县、镇、村的"三农"信息服务站。作为农村电子商务平台的实体终端直接扎根于农村服务于"三农"，真正使"三农"服务落地，使农民成为平台的最大受益者。

2015年10月14日李克强主持召开国务院常务会议，决定完善农村及偏远地区宽带电信普遍服务补偿机制，缩小城乡数字鸿沟；部署加快发展农村电子商务，通过壮大新业态促消费惠民生；确定促进快递业发展的措施，培育现代服务业新增长点。

◉ 活动二　展望电子商务发展前景

一、电子商务服务业将成为中国服务贸易新的经济增长点

自20世纪60年代以来，全球产业结构由"工业型经济"转向"服务型经济"，出现了以电子商务服务为特征的新型贸易服务业。新型贸易服务业的特征是：电子商务服务通过建立全球化的交易规则、标准和服务体系，在不同国家地区贸易商之间、贸易商和政府之间形成高效的电子化业务流程，进而实现跨境电子化贸易和贸易高效化。

目前，中国正处于电子商务服务业的形成期，预计未来20年，电子商务服务业将成为中国服务贸易中新的经济增长点，并加速国际贸易服务领域的变革，这也是全球贸易服务领域变革的必然趋势。

中国电子商务服务业并不是一种"自然演化"的自发过程，而是一种面对国际竞争压力的"追赶"结果，这也是电子商务服务后行的发展中国家的普遍现象。所以，学习和借鉴先行国家的经验非常重要。但因为国际环境以及经济和社会发展水平的原因，中国不可能完全

重复先行国家和地区走过的道路，中国电子商务发展的当务之急是：树立创新意识，结合国情，选择低成本、见效快、可持续发展的有效模式。

二、政府公共服务将带动企业供应链电子商务发展

鉴于非市场化因素即政府的公共服务是目前影响电子商务发展的主要瓶颈，国际电子商务发展明显呈现出以政府公共服务带动企业供应链电子商务发展的新趋势。

为充分发挥政府引导、市场驱动的优势，APEC经济体成员政府、企业纷纷建立创新服务体系，通过实施电子商务"单一窗口"服务，统一电子商务标准，完善法律规则体系，以及加快贸易手续简化进程等举措，为提升企业供应链功效创造了有利条件。

中国作为以中小企业为主体的发展中国家，在电子商务发展初期，更需要将政府引导与作为市场主导的企业行为相结合，选择政府有限干预的理性运行模式，制定与经济社会发展水平相适应的战略，以寻求低成本、见效快、可持续的发展。

三、电子商务服务的全球化时代即将到来

电子商务服务方式的出现，突破了传统贸易单向物流的格局，实现了以物流为基础，信息为核心，商流为主体的全新战略。这意味着只要市场的开放程度纳入一定的规范，电子商务就具备了"可贸易"的条件，将畅通无阻地进入国际贸易领域。

目前，随着国际电子商务环境的逐步完善，"可贸易"的条件日趋成熟，国际电子商务服务正从区域、经济体成员内信息聚合向跨区域、跨境和全球化电子商务交易服务发展。

可以预言，电子商务服务将带动全球电子商务发展，成为新时期国际电子商务发展的焦点问题，这也预示着电子商务服务的全球化时代即将到来。

任务三　知悉电子商务法律法规

任务描述

党的二十大报告指出："国家安全是民族复兴的根基，社会稳定是国家强盛的前提。"在网络经济时代，出现了许多新的经营和运作方式，深刻改变着人们的工作方式、生活方式、文化理念，也对社会的生产和管理、政府职能、法律制度以及教育等产生巨大影响。王敏觉得在清楚地认识到电子商务在给我们带来改变的同时，也需要深入了解电子商务的相关法律法规。

任务分解

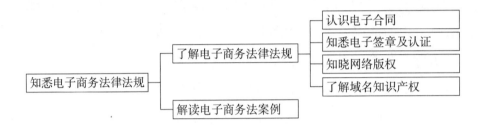

活动一　了解电子商务法律法规

电子商务法是指调整平等主体之间通过电子行为设立、变更和消灭财产关系和人身关系的法律规范的总称。电子商务法是政府调整企业和个人以数据电文为交易手段，通过信息网络所产生的，因交易形式所引起的各种商事交易关系，以及与这种商事交易关系密切相关的社会关系、政府管理关系的法律规范的总称。

一、认识电子合同

电子合同（或称网络交易合同）是指在专用的或公开的网络环境中通过数据电文达成的非纸质的数字化合同。电子合同可以通过电子商务网站达成，还可以通过电子邮件（E-mail）或电子数据交换（Electronic Date Interchange，EDI）来达成。联合国国际贸易法委员会于1996年通过的《电子商务示范法》以超前的意识规定了电子商务中贸易双方使用电文、电子手段传递信息的法律地位和法律效力，从而为贸易双方通过网络订立买卖合同和进行货物所有权的转移提供了法律保障。

电子商务虽然是一种新的交易方式，与传统的交易有很大的不同，但就其本质而言，仍是一个合同过程。但是这种合同对于传统的合同法而言，是以电子数据交换、电子邮件等能够完全准确地反映双方当事人意思表示的电子信息的形式，通过计算机互联网订立的商品服务交易合同。其实，在电子商务合同中，约定双方权利义务的合同内容并无变化，变化的主要是其载体和合同订立的方式，但是这种改变却可能直接影响合同的法律效力。

（一）电子商务合同生效的要件

1. 合同主体的缔约能力

传统合同法对于合同主体缔约能力的规定，依然适用于电子商务合同。由于电子商务在互联网这一虚拟的空间进行，所以各国对其中的交易主体，采取了由权威认证机构发放身份证的方法，使合同主体现身，以确保交易安全。对于B2C的合同而言，存在保护消费者权益的问题，所以要对电子商店等网上企业资格做出规定。

2. 意思表示真实一致

电子商务由于是在虚拟的网络世界进行，意思表示真实一致要求当事人能够确认交易的意思来自对方无疑，要求真实的邀约和承诺具有不可抵赖性，当事人在做出意思表示时能够真正地、完全地了解合同的全部信息，没有欺诈、胁迫和误解。

在合同中，签名、盖章等形式可以证明当事人的身份，确认当事人本人在缔约时与合同的内容相关联，所以签章是合同生效的必要条件。电子商务合同不存在纸本形式，由当事人亲笔签名加盖印章是不可能的。于是技术专家设计了以电子数据密码表示的密钥作为"电子签章"（Electronic Signature），再配合认证机构（Certification Authority，CA）发送的电子证书对个人持有的私人密钥进行认证，实现了合同当事人的签字功能。

3. 合同的合法性

合同标的必须合法，否则将导致合同无效。非法的标的，如毒品、色情物品等，不因交易以电子形式而合法。关于合同形式的问题，当代立法已经为电子商务合同的无纸化打开了大门，我国合同法将数据电文纳入书面形式中。

（二）电子商务合同生效的时间和地点

合同自承诺生效时成立，这一合同成立的条件，仍然适用于电子商务合同，但关键在于，如何确定承诺生效的时间。我国承诺生效采取到达主义，即承诺通知到达要约人时生效。在电子商务合同中，到达主义原则仍旧是适用的。《中华人民共和国合同法》规定：采用数据电文形式订立合同，收件人指定特定系统接收数据电文的，该数据电文进入该特定系统的时间，视为到达的时间；未指定特定系统的，该数据电文进入收件人的任何系统的首次时间，视为到达时间。这一规定，与国际通行的做法是一致的。至于合同生效的地点，目前国际上的立法已趋于一致，即除了当事人另有约定外，以承诺人的主营业地为合同的成立地，无主营业地者，以其经常居住地为合同的成立地。

知识链接

国际电子商务相关法规包括：《计算机记录法律价值的报告》《电子资金传输示范法》《电子商务示范法》《电子商务示范法实施指南》以及《统一电子签名规则》等。

二、知悉电子签章及认证

（一）电子签章

在现实经济交往的过程中，签章在其中至少起到了两个作用，一是表明签署者是谁，二是表明此人承认、证明或核准了所签署的文件内容。因而签章本身就是证明签署者身份与文件内容被认可的一种信息，它可以用不同的形式来表示。在传统的以书面签章为手段的交易中，签章的形式包括签名、印章、指印等。书面签章能够得到司法部门的支持，具有相当重要的法律意义。在以计算机网络为工具的商事交易中，信息载体的无纸性导致人们不可能采用传统书面签章的形式。通过法律确认一种新的签章形式——电子签章以确保电子交易的安全已成为迫切需要解决的重大问题。

电子签章是指以电子形式存在，依附于电子文件并与其逻辑相关，可用以证明电子文件签章者身份，表示电子签章者同意电子文件内容的签署方式。作为电子签章的一种，数字签章（Digital Signature）是公开密钥加密技术的一种应用。使用公开密钥技术进行数据通信的双方可以完全地确认对方身份和公开密钥，提供通信的可鉴别性。除了数字签章外，近年来将生物科技（指纹、声纹、眼纹、DNA等）用于鉴别身份的技术也正在蓬勃发展。为避免立法影响到科技的创新发展，主要的国际组织（如联合国及欧盟）近年来积极推动各国采取"技术中立"原则，对任何电子技术只要能符合特定的安全要求（即能够确保资料的完整性、鉴别使用者的身份及防止事后否认），皆可以用来制作电子签章。强化电子签章即是适用这种"技术中立"原则的折中式的电子签名形式，它是指经过一定的安全应用程序，能够达到传统签章等价功能的电子签章方式，其具体形式是开放型的，任何能够达到同一效果的技术方式都可以包括在内。

（二）电子商务认证

电子商务认证是指以特定的机构对电子签章及其签署者的真实性进行验证的具有法律意义的服务。它与电子签章一样，都是电子商务中的安全保障机制，但二者是不同的。电子签章主要用于数据电文的安全，使之不被否认或不被篡改，是一种技术手段上的保证；而电子商务认证主要应用于交易关系的信用安全方面，保证交易人的真实性和可靠性，是一种组织制度上的保证。电子商务认证作为一种服务，具有两个功能：对外防止欺诈，即防范交易当事人以外的人故意入侵而造成的风险；对内防止否认，即防止当事人之间产生误解或抵赖风险。

我国电子商务立法应借鉴国外先进的立法经验，对电子商务认证的方法、认证机构的法律地位、认证的分类、认证机构的风险防范措施、认证机构的设立条件、认证机构的管理、认证证书的发放及其职责、认证机构的终止与接收做出规定，以形成完善的电子商务安全保障机制。

三、知晓网络版权

（一）版权

版权（Copyright）亦称著作权，是指作者对其创作的文学、艺术和科学作品依法享有的权利，其内容包括人身权和财产权。版权是知识产权的一种。知识产权包括版权（著作权）、专利权、商标权、发现权、发明权和其他科技成果权，现在还有一种叫作商业化权。就是说一个对象，它既不属于版权，也不属于商标权，而是介于其间，但却具有商业利益，这种权利就叫商业化权。

（二）网络上的侵权问题

网络以其丰富的共享资源给我们带来很多便利，也带来很多法律上的问题，即网络侵权。你是否认为把其他网站上的文章转载到某论坛上，或者是把发表在报纸上的文章通过自己的输入发表在某论坛上，是侵犯版权？你可能觉得这是资源共享，但实际上已经构成了网络侵权。

从某种意义上说，网络的便利让版权的保护得不到保障——互联网从出现就显示了其快速、广泛的优点，特别是Web新版本的出现与普及，还促进了互联网自由度的发展。但极度的自由也产生了不少弊端，网络侵权就是其中最突出的一个问题。这是因为互联网上的信息非常丰富，每条信息在里面都显得微不足道，在这种情况下，借用或完全用别人的作品就很不容易被发现，在一定程度上，甚至助长了网络侵权的风气。但由于在刚开始，没有一种很好的方法来控制问题的扩大，因此，网络侵权的行为在网络上非常常见。

（三）保护版权

首先，普及版权知识，让人们树立版权保护意识，这样才能从根本上减少盗版的生存空间。良好的社会环境有赖于社会成员的共同努力，正确与错误、合法与非法的界限不容混淆。

其次，加强立法，从法律制度的角度保护网络版权。在现有《中华人民共和国著作权法》的基础上进行完善，使其适应网络上的版权保护，或者制定一部新的网络版权法来对网络上的版权进行保护。

最后，加强监管，对实施网络版权侵犯的违法分子进行有效地打击和整治。

四、了解域名知识产权

域名的概念在立法上没有统一的规定，学理界对此也有不同的理解。目前对域名常见的定义有以下几种。

①域名是指互联网上识别和定位计算机的层次结构式的字符标识，与该计算机的互联网协议（IP）地址相对应。

②域名是因特网用户在互联网上的名称、地址和所有信息资料的索引。

③中国互联网络信息中心（CNNIC）的解释是，"从技术上讲，域名只是因特网中用于解决地址对应问题的一种方法。可以说只是一个技术名词。从商界看，域名已被誉为企业的网上商标"。

在域名的注册上，目前国内外的注册机构采取的是比较简单的登记程序，都采用先申请原则——先申请先注册，域名即归谁。这是符合知识产权法律保护原则的。事实上，传统的知识产权部门专利、商标在世界上绝大多数国家也基本采用此原则注册。当前有关域名的争议主要表现在域名与在先权利的冲突问题。而在不同权利冲突产生争议的解决上，我国基本采用的是保护在先原则。

从商业角度来看，与域名关系密切的权利主要有商标权、商号权（企业名称）等。如按保护在先的原则，则商标权、商号权的保护范围自然就可延伸到互联网上，这种自然的延伸很显然又与域名注册的先申请原则矛盾。因此，法律操作上应有相应的协调程序。

在域名保护上还有两个不太普遍的问题。

①如果有与北京大学无关的人注册了pku.com，"pku"一般都会认为是北京大学

（Peking University）的英文缩写，那么这是否构成侵权呢？北京大学的域名是pku.edu，这极易让公众误认pku.com与pku.edu有某种联系，比如认为 pku.com是北京大学注册的某个公司的域名。

②在美国有人对billgates.com进行了注册，然后开价100万美元出售。比尔·盖茨（Bill Gates）作为微软的老板，是全球首富，其在信息产业不可动摇的地位使其家喻户晓，他人用billgates.com注册，也会让公众误认为该域名是比尔·盖茨所注册的，那么这是否侵犯了其姓名权呢？

对这两个问题，法律恐怕一时还难以作答。很明显，这些行为实质上构成了不正当竞争，但法律很难有所作为。对使用"pku"注册域名，法律几乎没有任何约束。目前在我国，姓名权被视为人格权，仅在民法通则中有一条规定。从知识产权意义上来看，姓名权和企业的商号以及商标权有类似的作用，也是一种财产权利或具有财产价值，法律却对此缺乏相应的规定。事实上在我国，不仅姓名权，商号的知识产权保护也非常乏力。我国企业名称的登记按行政区域进行，未取得注册商标的商号，在我国一般只能依民法中名称权的规定来给予保护，这种保护在知识产权上是远远不够的。

活动二　解读电子商务法案例

经典案例1

平台的安全保障义务：网约打车空姐遇害案

2018年5月6日，一位年仅21岁的空姐搭乘网约车时被害身亡。嫌犯是一名滴滴顺风车司机，作案后弃车跳河身亡。

【法条】《中华人民共和国电子商务法》第三十八条第二款：对关系消费者生命健康的商品或者服务，电子商务平台经营者对平台内经营者的资质资格未尽到审核义务，或者对消费者未尽到安全保障义务，造成消费者损害的，依法承担相应的责任。

【解读】电子商务平台经营者的两大义务，一是对平台内经营者的资格审查义务，二是安全保障义务。

经典案例2

网购中的行为能力认定：熊孩子网络购物打赏案

①熊孩子充值一万多买游戏装备怕家长发现删掉支付记录。

②16岁女孩打赏男主播65万，母亲起诉平台要求其退钱败诉。

【法条】《中华人民共和国电子商务法》第四十八条：电子商务当事人使用自动信息系统订立或者履行合同的行为对使用该系统的当事人具有法律效力。在电子商务中推定当事人具有相应的民事行为能力。但是，有相反证据足以推翻的除外。

【解读】行为能力的举证责任在买家。

经典案例3

网购中的个人信息保护：庞先生诉去哪儿网个人信息泄露案

（具体案例略。）

【法条】《中华人民共和国电子商务法》第七十九条：电子商务经营者违反法律、行政法规有关个人信息保护的规定，或者不履行本法第三十条和有关法律、行政法规规定的网络安全保障义务的，依照《中华人民共和国网络安全法》等法律、行政法规的规定处罚。

《中华人民共和国电子商务法》第二十三条：电子商务经营者收集、使用其用户的个人信息，应当遵守法律、行政法规有关个人信息保护的规定。

【解读】个人信息保护是热门考点，需要结合《中华人民共和国民法总则》第一百一十一条内容"自然人的个人信息受法律保护。任何组织和个人需要获取他人个人信息的，应当依法取得并确保信息安全，不得非法收集、使用、加工、传输他人个人信息，不得非法买卖、提供或者公开他人个人信息"来学习。

经典案例4

快递丢失谁担责：杨波诉巴彦淖尔市合众圆通速递有限公司
乌拉特前旗分公司、付迎春网络购物合同纠纷案

在运输过程中，速递公司的工作人员在送货时未验证对方身份信息擅自将货物交由他人签收，销售者付迎春尚未完成货物交付义务，构成违约，故对杨波请求付迎春赔偿的诉讼请求应予支持。根据合同相对性原则，速递公司不应在本案中承担赔偿责任。

【法条】《中华人民共和国电子商务法》第二十条：电子商务经营者应当按照承诺或者与消费者约定的方式、时限向消费者交付商品或者服务，并承担商品运输中的风险和责任。但是，消费者另行选择快递物流服务提供者的除外。

【解读】网购中，卖家指定快递的，运输途中标的物意外毁损灭失的风险由卖家承担（不用于合同法的货交承运人规则）；如果买家指定快递，则运输途中标的物意外毁损灭失的风险由买家承担。

经典案例5

网购交易中的举证责任：苏宁易购和京东商城的订单去哪儿了

吴先生在苏宁易购购买了相机，货物未收到，订单被取消。

张女士在京东商城购买了硬盘，货物未收到，订单被取消。

【法条】《中华人民共和国电子商务法》第六十二条：在电子商务争议处理中，电子商务经营者应当提供原始合同和交易记录。因电子商务经营者丢失、伪造、篡改、销毁、隐匿或者拒绝提供前述资料，致使人民法院、仲裁机构或者有关机关无法查明事实的，电子商务

经营者应当承担相应的法律责任。

【解读】电子商务经营者是有关争议的当事人的，拒不提供所掌握的证据，应当根据《中华人民共和国民事诉讼法》的规定，使之承担举证不能的不利后果。电子商务经营者不是有关争议的当事人的，也需要承担协助调查义务。

经典案例 6

网络代购如何认定：杨超与秦莉、浙江淘宝网络有限公司网络购物合同纠纷

本案中，虽然秦莉所经营店铺位于"全球购"，所销售的产品亦为"代购新西兰Comvia康维他蜂胶蜂蜜润喉糖12粒薄荷味买十盒送二盒"，但产品销售页面明确标明了产品的货款，而未标明代理费或标明货款由购买成本与代理费构成，同时，秦莉向原告所发送的产品为位于境内的现货，并非在收到原告指令后，按照原告指令在海外购买相关货物，邮寄或带回给原告。故法院认为，原告与秦莉的交易并不符合代购关系的特征，而应认定为对现货进行交易的买卖合同关系。

【解读】代购关系的形成应符合以下特征：一是购买者与代购者之间形成的交易为购买者委托代购者在海外购买商品，而非直接购买商品，也即排除了现货交易；二是交易的对价款应体现为代理费，而非货款，也即代购者获得利润应是形式为代理费的报酬，而非货款除去成本后的差价。

项目总结

本项目介绍了电子商务的含义及产生的背景、现状和发展趋势。电子商务作为一种建立在信息技术平台上的先进的商务活动方式，无疑有着良好的发展前景。随着网络基础设施、第三方服务机构、金融服务、物流服务等电子商务应用支撑环境建设的发展以及数字证书认证机构的建立，大多数银行已开展在线支付业务，物流信息化与系统化形成一定规模，电子商务逐步渗入各行各业和社会生活的各个层面。电子商务企业的人才缺口不断扩大，人才结构多元化已迫在眉睫，作为中职生，首先要了解电子商务的发展趋势，寻找自己的兴趣点，深入学习，勇于实践，夯实技术，努力做到"一专多才"。

思政园地

2020年1月，面对突如其来的新冠肺炎疫情，我们坚持人民至上、生命至上。为最大限度保护人民生命安全和身体健康，在这个特殊时期许多人都需要居家隔离，社区电商模式成为当下最热门的电商模式之一。社区电商的便捷、高效和即买即得的服务，让人们对于社区电商的依赖逐步增加。尤其是生鲜电商行业整体都在向上发展，而想要提高生鲜电商的服务质量，需要从以下三点入手：

1. 对供应链的把控能力

对供应链的把控能力直接关系到用户拿到手的商品质量。客户因商品质量而投诉的现象，不仅在网经社这份报告中位列第二，在Fastdata发布的《2021年中国生鲜电商行业报告》中更是造成客户不满意的第一大因素。即便是最为传统的营销4P理论，也把产品（product）

放在了至关重要的位置。因为交易成立尤其是持续成立的关键在于稳定的价值交付。

2. 本地运力的高低

如果说产品质量决定了生鲜交易的下限，那么运力高低很大程度上决定了客户购买体验的上限。送得到、送得快、送达时物品完好无缺，这是用户选择到家模式的基本预期，顺手带垃圾则是超出预期的体验。先有再好，运力体系的搭建是基础，其次就是对运输人员的软实力培训。好产品会说话，但标品说话注定是没有温度的标准话术，运输人员作为接触客户的一线人员，承担了生鲜电商品牌的形象代言人。

3. 平台的运营效率

在生鲜电商发展的早期，产品供不应求，送货区域狭隘，这些都是平台硬实力的比拼，有就是有，没有就是没有。但随着"店仓一体化"等多种合作模式的盛行，产品本身已经不足以成为护城河。能否从运营产品转向运营用户，为你的用户提供一站式生活解决方案才是关键。

实战训练

一、单选题

1. 电子商务按参与交易的对象分类，可分为企业与消费者之间和企业与企业的电子商务，其中企业与消费者之间的电子商务简称为（　　　）。

A. C2C　　　　　B. C2B　　　　　C. B2C　　　　　D. B2B

2. 下列哪一项不属于电子商务的特征？（　　　）

A. 普遍性　　　　B. 随意性　　　　C. 方便性　　　　D. 协调性

3. 电子商务实质上是一种（　　　）活动。

A. 网络　　　　　B. 买卖　　　　　C. 生产　　　　　D. 运输

4. 下列不属于电子商务构成四要素的是（　　　）。

A. 商城　　　　　B. 宣传　　　　　C. 消费者　　　　D. 产品、物流

5. 亚马逊书店是（　　　）网站的鼻祖。

A. 静态　　　　　B. 动态　　　　　C. 商业　　　　　D. 宣传

二、多选题

1. 电子商务的安全要素有（　　　）。

A. 有效性　　　　B. 真实性　　　　C. 机密性　　　　D. 数据的完整性

2. 一般来说，移动商务用户希望在（　　　）方面得到他们的技术投资的回报。

A. 增加利润　　　B. 提高效率　　　C. 降低价格　　　D. 降低成本

3. 目前移动办公终端设备主要包括（　　　）。

A. 手机　　　　　B. 笔记本电脑　　C. 掌上型游戏机（如PSP）　　D. 平板电脑

4. 推动电子商务发展的主要因素有（　　　）。

A. 现代工业的发展　　　　　　　　B. 信息产业的发展

C. 各国政府的推动　　　　　　　　D. 新闻媒体的炒作

5. 无形商品的电子商务运作模式有（　　　　）。

A. 网上订阅模式　　B. 付费浏览模式　　C. 广告支付模式　　D. 网上赠予模式

三、判断题

1. 阿里巴巴属于B2C。（　　　　）

2. 减少运营成本、显著降低收费不是电子商务的优势。（　　　　）

3. 电子商务促进经济全球化的发展。（　　　　）

4. 电子商务是一种新的交易方式，与传统的交易有很大的不同，所以不是一个合同过程。（　　　　）

5. 电子商务的安全问题就是计算机系统的安全问题。（　　　　）

四、简答题

电子商务的交易安全是否必须由法律和安全技术双方面进行保障？

五、案例分析题

有一位刚上小学二年级的男孩，在某购物网站以他父亲李某的身份证号码注册了客户信息，并且订购了一台价值1000元的小型打印机。但是当该网站将货物送到李某家中时，曾经学过一些法律知识的李某却以"其子未满10周岁，是无民事行为能力人"为由，拒绝接收打印机并拒付货款。由此交易双方产生了纠纷。请问，当事人是否具有行为能力？电子合同是否有效？

项目2 了解电子商务技术

项目概述

当今社会，电子商务已经完全融入了人们的生活之中，不论是简单的生活必需品，还是高端奢侈品，都能通过电子商务平台满足我们的需求。然而纵观电子商务融入人们生活的发展历程，其不可忽略的一点就在于互联网的普及和网络技术的不断发展。互联网作为电子商务所依托的环境基础，涉及电子商务的各个环节，我们还是很有必要去学习和了解的。

认知目标

1. 了解网络的基本知识。

2. 知悉电子商务安全的需求和技术。

技能目标

1. 认识IP地址。

2. 能识别网络的安全性。

素养目标

1. 培养网络安全防范意识。

2. 提高自主学习计算机网络知识的能力。

3. 养成了解电子商务相关网络技术的兴趣。

任务一　初识互联网

任务描述

王敏作为电子商务专业的实习生，她在工作中偶尔会遇到上不了网的问题，有时电脑的其他功能都是正常的，却打不开公司的电商平台。而网络正是开展电子商务活动的关键，王敏意识到，她必须要掌握相应的互联网知识和技术，这样才能应对工作中的突发情况，为此，她开始学习相关的网络基础知识。

任务分解

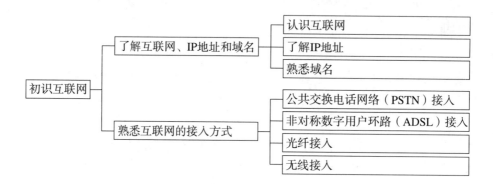

活动一　了解互联网、IP地址和域名

在使用计算机或手机连接网络上网，然后访问各个网站的时候，不知道你有没有想过，这些网站到底在什么地方？我们又是如何找到并进入这些网站的？难道网络中所有的网站都是放在一起的吗？否则我们为什么能在各个网站中自由地跳转？想要解决这些疑问，我们就得了解互联网、IP地址和域名。

一、认识互联网

互联网是"Internet"的中文译名，它是全球信息资源的总汇。有一种粗略的说法，认为互联网是由许多小的网络（子网）相互连接而成的一个逻辑网，每个子网中连接着若干台计算机（主机）。互联网以相互交流信息资源为目的，基于一些共同的协议，并通过许多路由器和公共互联网连接而成，它是一个信息资源共享的集合。

计算机网络只是传播信息的载体，而互联网的优越性和实用性则在于本身。

互联网可以为我们提供通信、社交、娱乐、网上贸易、资源共享、云端化服务、服务对象化等功能。

互联网起源于美国，它的前身是美国国防部高级研究计划局防止部分网络被摧毁导致无法通信而建立的军用网。当时只连接了4台计算机供科学家进行实验使用。随后，有越来越多的计算机加入进来。1974年，TCP/IP协议的出现为互联网的井喷式发展提供了契机，它是一个实用且开放的协议，目的是让任何厂家生产的计算机都能相互通信。所以，有更多的计算机加入互联网并发展成如今的规模。

二、了解IP地址

想要连接互联网，就必须得有IP地址，每一个连接互联网的主机都有一个在互联网中唯一的IP地址，也就是用它才能在巨大的互联网中确定每一个人的身份。

IP是英文"Internet Protocol"的缩写，意思是"网络之间互连的协议"，也就是为计算机网络相互连接进行通信而设计的协议。它规定了计算机在互联网中通信的规则，也正是因为有了IP协议，互联网才能在如此短的时间内发展成如此大的规模。

传统的IP地址，即IPv4是一个32位的二进制数。我们知道，在计算机中所有的内容都是用二进制0和1来表示的，IP地址当然也不例外。但为了方便人们观看，IP地址通常被分割为4个8位二进制数，再把8位的二进制数转换为十进制数，用点分十进制来表示。例如，点分十进制IP地址（101.23.24.25），实际上是一个32位二进制数（01100101.00010111.00011000.00011001）。

而由于科技的发展，特别是物联网的兴起，导致现实生活中不仅仅只有计算机需要连接网络，还有手机、电视，甚至淋浴、窗户、电灯等更多的东西都需要连接互联网。所以这就造成了一个问题，现有的32位的IP地址不够这么多东西分了（实际上IPv4在2011年就已经被分配完了）。因此，人们又定义了新的IP协议——IPv6。相对于IPv4的32位（理论上能分配2的32次方个地址，约43亿个），IPv6把地址扩展到128位，也就是说理论上能分配2的128次方约43亿的4次方个地址。甚至有人说，IPv6可以让地球上的每一粒沙子都有一个IP地址，所以目前来看，IPv6的地址是完全够人们用了。

三、熟悉域名

域名是由一串用点分隔的字符组成的互联网上某一台计算机或计算机组的名称。其本质上也是一个地址，它更像是网站的商标，由于数字型的IP地址不便于人们记忆，也无法表达出网站的特性，因此出现了字符型的标识，即域名。例如，baidu.com就是域名（注意我们常输入的网址中"http://"是协议，"www"是主机名）。

目前互联网的域名体系被分为国际域名，如".com"".net"，国内域名，如".cn"，新顶级域名，如".info"三类。

域名系统（DNS）是互联网的一项核心服务，它是一个可以将域名和IP地址相互映射的分布式数据库。

域名方便人们的记忆，但机器与机器之间是不能识别域名的。在互联网上，域名与IP地址是一对一（或多对一）的。我们通过域名系统可以把域名转换成机器能够识别的IP地址，然后机器再去访问这个IP地址，才实现真正的上网。当我们可以使用网络但不能用域名浏览网站时，首先就要检查是不是DNS配置问题。

由于域名管理机构对大多数域名的购买没有资格限制，导致网站域名难以管理。2009年11月，中国实行域名实名制。2018年9月，国务院发布《国务院办公厅关于加强政府网站域名管理的通知》，通知对健全政府网站域名管理体制、规范政府网站域名结构、优化政府网站域名注册注销流程、加强域名安全防护及监测处置工作等做了详细要求。

活动二　熟悉互联网的接入方式

互联网接入即指用户通过特定的信息采集与共享的传输通道，利用公共交换电话网络（PSTN）等传输技术完成用户与广域网的高带宽、高速度的物理连接。我们常说的联网，就是在执行这个过程。

我们常见的互联网接入方式有以下几种。

一、公共交换电话网络（PSTN）接入

家庭用户接入互联网的普遍的窄带接入方式是通过电话线，利用当地运营商提供的接入号码，拨号接入互联网。这种方式的特点是使用方便，只需要电话线及自带调制解调器（modem）的计算机就可完成接入。缺点是速率低，无法实现一些高速率要求的网络服务。其实现在已经很少用这种接入方式了。

二、非对称数字用户环路（ADSL）接入

ADSL，因为其上行和下行带宽不对称，所以被称为非对称数字用户环路，是运用最广泛的铜线接入方式。非对称数字用户环路可直接利用现有的电话线路，通过非对称数字用户环路用调制解调器（ADSL modem）后进行数字信息传输。

三、光纤接入

光纤接入是指服务器端与用户之间以光纤作为传输媒介，依靠光波传输技术，提供一定区域的高速互联接入，可以满足高速宽带业务以及双向宽带业务的需要。特点是速率高，抗干扰能力强，适用于家庭、个人或各类企事业团体，但成本相对高一点。

四、无线接入

Wi-Fi是一种允许电子设备连接到一个无线局域网（WLAN）的技术，通常使用2.4G UHF或5G SHF ISM射频频段。Wi-Fi是一个无线网络通信技术的品牌，由Wi-Fi联盟所持有。目的是改善基于IEEE 802.11标准的无线网络产品之间的互通性。有人把使用IEEE 802.11系列协议的局域网就称为无线保真，甚至把Wi-Fi等同于无线网络。

无线网络在无线局域网的范畴是指"无线相容性认证"，实质上是一种商业认证，同时也是一种无线联网技术，以前通过网线连接计算机，而无线保真则是通过无线电波来联网；常见的就是一个无线路由器，在这个无线路由器的电波覆盖的有效范围内都可以采用无线保真连接方式进行联网，如果无线路由器连接了一条ADSL线路或者别的上网线路，则又被称为热点。

除此之外，还有混合光纤同轴电缆网（HFC）、电力网络接入等其他接入方式。

❓【做一做】

上网查询下你喜欢的网站的IP地址，试着用IP地址的方式访问这个网站。

IP地址的分类

最初设计互联网络时，为了便于寻址以及层次化构造网络，人们将IP地址空间划分为A、B、C、D、E五类，其中A、B、C是基本类，D、E类作为多播和保留使用。其中A、B、C三类地址范围如表2-1-1所示。

表2-1-1　A、B、C三类地址范围

类别	最大网络数	IP地址范围	单个网段最大主机数	私有IP地址范围
A	126（2^7-2）	1.0.0.0~127.255.255.255	16777214	10.0.0.0~10.255.255.255
B	16384（2^{14}）	128.0.0.0~191.255.255.255	65534	172.16.0.0~172.31.255.255
C	2097152（2^{21}）	192.0.0.0~223.255.255.255	254	192.168.0.0~192.168.255.255

团队实训

　　查询和配置IP地址：试着查一查你的计算机的IP地址是多少，再试着看能不能找到你上网用的IP地址。与同学对比自己的计算机本地IP地址和上网IP地址，并尝试更改自己计算机的本地IP地址。

任务二　了解电子商务安全技术

　　王敏在公司听到同事们说他们的电商平台接到了客户投诉,该用户在平台充值的余额被清空。在仔细调查后,他们了解到原来是用户自己的不当操作造成电脑中了病毒,并被不法分子盗取了其账号密码等信息。听了这个事情,王敏对于网络安全问题引起了重视,并决定好好学习这方面的知识。

▌▌▌ **任务分解**

🎞 活动一　认识电子商务交易风险

　　所谓电子商务,在狭义的概念中,就是消费者和销售商在网络中进行的无现金的交易行为。而符合这种概念的交易流程,就必然有不同于传统商务的交易风险,这是其概念本质所决定的。那么,电子商务中的交易风险有哪些呢?我们又如何避免这种风险呢?

　　一、了解消费者风险

　　消费者所面临的风险有以下几点。

　　(一)销售商的虚假宣传

　　交易前看不到实物商品,只能通过图片等信息了解商品,而且最终拿到的商品还不一定是当时看到的商品。

　　(二)虚假或恶意网站

　　有些不法分子会创建一个虚假的网站或仿造其他正规网站,当消费者在这个网站消费时会被骗走其财产或个人信息。

　　(三)付款后收不到或延迟收到商品

　　消费者付款消费后,有的销售商可能因为供货量不足或资金不足等情况,延迟甚至不发商品。

　　(四)隐私问题

　　消费者消费时不可避免地会留下个人信息在销售商手里,有无良销售商会收集甚至售卖消费者的个人信息。

　　(五)售后服务得不到保障

　　网络售后有一个很大的麻烦就是距离,所以售后需要更多的时间、精力和金钱。更有很多的销售商其本身就没有售后服务。

经典案例1

2021年7月，王先生在某购物平台上购买了一把剃须刀。当晚，王先生接到购物平台的"客服"电话，对方准确说出了他的姓名、购买商品名称、订单编号、付款金额、购买时间、收货地址等订单详细信息，所以王先生对其客服的身份没有任何怀疑。

"他说由于他们工作失误，把我列到了他们批发商的名单里了。"王先生说。对方称，批发商在该平台消费可以享受七折优惠，但每月需收取会员费500元。如果现在不取消这项服务，就要扣除一年的会员费6000元。"他问我要取消还是保留，我肯定是要取消啊。"王先生说。在这之后，对方称为了避免公司把会员费划走，需要王先生在当晚12时前把经常使用的银行卡中的现金转存至别处。王先生配合了对方，最终被骗8万多元。这就是因为个人隐私信息泄露导致消费者被骗的典型案例。

二、知晓销售商风险

销售商所面临的风险有以下几点。

（一）虚假交易

有的做货到付款的销售商可能接到的是虚假的交易信息，发货后没有人接收或拒收等。这样必然会浪费人力和物力。

（二）恶性竞争

网络中没有地域、环境、资金的差距，可能所有在网络中做同样生意的销售商之间都属于竞争关系。竞争者之间相互抹黑、不顾商品质量、破坏市场等都是恶性的竞争。

（三）虚假网站

不法分子用类似的域名和风格仿造正规网站或者是在正规网站中发布大量虚假骗人信息，这会大大降低电商网站的信誉度。而信誉度是电商之根本。

（四）黑客攻击

黑客可以用技术手段入侵销售商的数据库破坏其所有数据，并盗走数据库中的所有资料。而一旦数据被破坏和丢失，就会造成各种各样的问题。

经典案例2

2021年9月，李先生通过访问外站的链接跳转到仿照某银行而建的虚假钓鱼网站，由于其网站显示内容与该银行真实网站几乎一致，李先生误把其当成该银行的官网，正常填写了其账号、密码、验证码等真实信息。钓鱼网站同步获取了李先生填写的信息，并迅速将其账户内的2万余存款尽数转出。当李先生收到短信提醒时，才发现自己访问了假的"官网"。

活动二　了解电子商务安全技术

王敏了解了电子商务的风险后，接下来她迫切地想要了解电子商务有哪些安全技术保障，同时想要学习如何在电子商务中避免这些风险。

一、知悉电子商务安全需求

针对电子商务流程中可能遇到的风险，要保证交易的整个过程安全可靠，有以下几点需求需要满足。

（一）确认性

确认性是指在进行交易之前销售商和消费者都能确认对方的身份。

（二）保密性

保密性是指在交易过程中对销售商和消费者的信息进行加密，保证其不能被他人识别，防止他人窃取信息。

（三）不可抵赖性

不可抵赖性是指在交易过程的每个环节中都不可否认其所发送和接收的交易信息。防止交易时或结束后的否认和争执。

（四）完整性

完整性是指在交易过程中发送的每个信息都是完整的没有经过篡改的。防止他人介入截获并修改信息，导致交易信息错误。

（五）可靠性

可靠性是指保证交易所使用的所有硬件设备和相关软件都是安全可靠的。

二、认识电子商务安全技术

针对电子商务安全的需求，有以下安全技术来保障。

（一）认证技术

认证技术包括权限管理、数字签名、数字摘要、CA安全认证体系等。认证技术保障了整个电子商务交易过程中的完整性和不可抵赖性。

（二）加密技术

互联网中有多种加密、解密的算法和技术，使用加密技术可以保证传输信息的安全性。

（三）备份技术

备份技术可以在数据库系统故障并且短时间内难以恢复时，用存储在备份介质中的数据将数据库还原到备份时的状态，以保证数据不会完全丢失。

（四）其他网络安全技术

其他网络安全技术包括系统的安全与维护、防火墙技术、漏洞扫描与修复技术、反黑客与病毒技术及电子商务人员的管理制度和社会的法律制度的配合等。

网络维护与
故障检测的方法

防火墙技术

党的二十大报告指出："我们必须增强忧患意识，坚持底线思维，做到居安思危、未雨绸缪，准备经受风高浪急甚至惊涛骇浪的重大考验。"从事于互联网浪潮下的电商行业中，我们可能一帆风顺，也可能会遇到一些诱惑、风险、困难等，但不论如何，我们都应该守住自己的底线，以诚待人，不去走违法乱纪的"捷径"。同时要提高安全防范意识，认识风险，学习技术，在现代化的国家安全体系下健康发展。

知识链接

电子商务安全体系如图2-2-1所示。

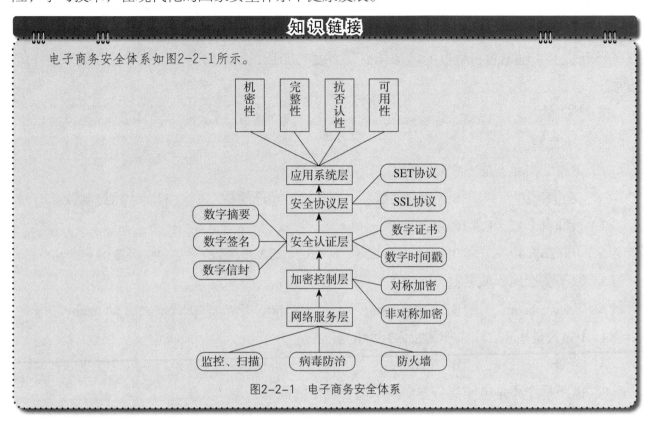

图2-2-1　电子商务安全体系

？【想一想】

对于网络中的虚假网站，我们如何去辨认以防止上当受骗或泄露信息？

团队实训

讨论电子商务安全问题：全班分组讨论电子商务还有哪些安全问题，有没有其他的保障电子商务安全的方法（不局限于技术）。

项目总结

王敏通过学习互联网、IP地址和域名，知悉了互联网的基本概念，能够清楚地分辨它们的区别，知道自己的电脑是怎么连接网络的，也知道了有时电脑上无法连接网络的问题在于DNS设置错误，认识到了电子商务的风险，同时也学会了如何去避免这些风险，知悉电子商务有它完整的安全体系。

通过本项目的学习，让王敏对于电子商务所依托的互联网有了基础的认识，她会在以后的工作和生活中，慢慢融汇这些知识。当然她也明白，庞大且复杂的互联网是在不断进步和改变的，所以王敏也会不断地学习和实践。

滚滚历史 国家护航

从以物易物到货币的流通，从传统商务到电子商务，在历史的车轮下，商务活动也是在不断发展、进步和改变的。但不论在任何商务活动发展的阶段，与之相对应出现的，都会有信任和安全的问题。电子商务依托于庞大的互联网，其安全问题尤为复杂。在它的发展过程中，也出现过一些安全问题的案例。但随着科技的不断进步，随着国家法律法规对于电子商务的不断完善，随着重视程度的增加和监管力度的加强，我国的电子商务一直在健康有序的发展。

实战训练

一、单选题

1. IP地址实际上是一个32位的（ ）。

A. 二进制数　　　　B. 八进制数　　　　C. 十进制数　　　　D. 十六进制数

2. 下面哪个属于C类IP地址？（ ）

A. 100.26.5.4　　　B. 193.168.4.78　　　C. 252.26.7.49　　　D. 66.55.44.3

3. 以下哪个属于域名？（ ）

A. www.jd.com　　　B. taobao.com　　　C. http://www.qq.com　　　D. baidu

4. PSTN是用（ ）作为接入媒介的。

A. 光纤　　　　　　B. 铜线　　　　　　C. 电话线　　　　　D. 无线电波

5. 以下哪个不是电子商务安全技术需要满足的需求？（ ）

A. 确认性　　　　　B. 保密性　　　　　C. 可靠性　　　　　D. 高效性

二、多选题

1. 下面属于国际域名的是（ ）。

A. .com　　　　　　B. .net　　　　　　C. .cn　　　　　　D. .info

2. IP地址和域名的对应关系是（ ）。

A. 多对一　　　　　B. 多对多　　　　　C. 一对一　　　　　D. 一对多

3. 以下哪些是互联网的接入方式？（ ）

A. PSTN　　　　　　B. ASD　　　　　　C. ADSL　　　　　　D. CPS

4. 以下哪些是电子商务中销售者可能面临的风险？（ ）

A. 虚假交易　　　　B. 恶性竞争　　　　C. 黑客攻击　　　　D. 虚假广告

5. 下面属于电子商务网络安全技术的是（ ）。

A. 加密技术　　　　B. 备份技术　　　　C. 防火墙技术　　　　D. 认证技术

三、判断题

1. Wi-Fi实际上是一个无线网络通信技术的品牌。（ ）

2. 我们可以随时更改连接网络的IP地址。（ ）

3. 网络中，每个IP地址都对应一个唯一的域名。（　　　）

4. ADSL中文全称为对称数字用户环路技术。（　　　）

5. 虚假购物网站只损害消费者的利益。（　　　）

四、简答题

1. 在电子商务安全中，消费者可能面临的安全隐患有哪些？

2. 电子商务安全技术有哪些？

五、场景实训题

1. 查询了解自己家庭的网络是以什么方式接入互联网的。

2. 查看计算机的IP地址和DNS服务器的地址。

项目3 认识电子商务模式

项目概述

　　王敏实习的公司是一家经营运动品牌的公司，随着互联网时代的到来，人们足不出户在网上就能挑选到心仪的商品，这使得该公司线下实体店的生意受到很大冲击，所以该公司成立了专门负责网上销售的电商部，开始拓展电商业务。王敏暗下决心，一定要将自己在学校所学习的知识运用到实践中，立志帮助公司平衡好线上与线下渠道，让公司的销售额再创辉煌。

　　如何在已有实体卖场的情况下，将网上的生意也开展得红红火火呢？党的二十大报告指出，必须坚持守正创新，必须坚持问题导向。于是王敏决定直面公司销售困境，他通过先了解目前市场上优秀企业的典型案例，在分析成功企业的经营模式后吸取网上运营的相关经验，进而为完善本公司的业务模式，争取为公司拓展营销新渠道做准备。

认知目标

1. 认识B2B电子商务模式。
2. 知悉B2C电子商务模式。
3. 知悉C2C电子商务模式。
4. 了解其他电子商务应用模式。

技能目标

1. 能利用B2B网站开展企业业务。
2. 掌握B2C网站的业务模式。
3. 熟悉C2C网站开店的适用模式。
4. 弄懂新型电子商务模式开展各项业务的方法。

素养目标

1. 培养电商思维，提升就业与创业意识。
2. 培养分工协作能力，增强团队合作意识。
3. 弘扬爱岗敬业精神，提升职业荣誉感。

任务一　初识B2B电子商务模式

任务描述

在当前，提起优秀企业典范，王敏首先想到的就是家喻户晓的阿里巴巴公司，那么为什么阿里巴巴公司能取得如此巨大的成就呢？王敏决定搜集关于B2B电子商务模式的相关资料，分析出其业务模式及成功经验，看是否对开展本公司的电商业务有所启发。

知识链接

电子商务模式

电子商务模式，就是指在网络环境和大数据环境中基于一定技术基础的商务运作方式和盈利模式。研究和分析电子商务模式的分类体系，有助于挖掘新的电子商务模式，为电子商务模式创新提供途径，也有助于企业制定特定的电子商务策略和实施步骤。电子商务模式可以从多个角度建立不同的分类框架，最简单的分类莫过于B2B、B2C和C2C这样的分类，还有新型O2O、C2B、B2M、M2C、B2A、C2A等模式，但就各模式还可以再次细分。

任务分解

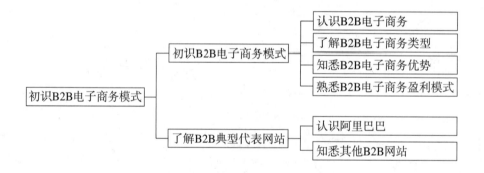

活动一　初识B2B电子商务模式

王敏一边回忆自己在校时学习的理论知识，一边搜索网页查找B2B电子商务的最新发展情况。她发现我国的B2B电子商务处于飞速发展阶段，萌生了许多新特点和新趋势。那么如何利用B2B网站帮助本公司拓展业务呢？王敏开始了对B2B模式的研究。

一、认识B2B电子商务

（一）定义

B2B是指企业与企业之间通过专用网络或互联网进行数据信息的交换、传递，开展交易活动的商业模式。该模式旨在通过网络的快捷方便，为客户更好地提供服务，最终达到促进企业的业务发展的目的。

B2B电子商务

（二）特点

1. 交易金额大

B2B电子商务的买卖双方都是企业（或商家），且参与者通常为从事大宗交易的企业。

B2B是企业与其供应商、客户之间大宗货物的交易与买卖活动的电子商务模式，交易金额远大于B2C。

2. 交易对象广泛

B2B电子商务活动的交易对象可以是任何一种产品，可以是原材料，也可以是半成品或产成品。范围涉及石油化工、水电、运输、仓储、航空、国防、建筑等许多领域。

3. 交易操作规范

B2B电子商务活动是各类电子商务交易中最复杂的，主要涉及企业间原材料、产品的交易以及相应的信息查询、交易谈判、合同签订、货款结算、单证交换、库存管理和物品运输等，如果是跨国交易还要涉及海关、商检、国际运输、外汇结算等业务，企业间信息交互和沟通非常多。因此交易过程中，对合同及各种单证的格式要求比较严格，操作过程比较规范，同时比较注重法律的有效性。

（三）典型网站

①阿里巴巴连续五年被评为全球最大B2B网站。

②慧聪网是目前国内行业资讯最全、规模最大的行业门户平台。

③中国供应商网是政府采购及全球市场覆盖率广，真正权威的平台。

④中国制造网的信息平台和优质商业服务为中国对内对外贸易的发展提供了支持。

（四）我国B2B电子商务的发展历程

第一阶段：探索阶段（1999—2003年）。

1999年至2003年，中国开始迎合信息化的发展趋势对传统商务进行改革和创新。这一阶段，企业对于电子商务的需求仍待挖掘，产业的发展由重点厂商推进。1999年阿里巴巴的成立标志着中国B2B电子商务的正式开端。在该阶段，有大量B2B平台相继出现，如中国制造网、中国化工网等。

第二阶段：启动阶段（2004—2014年）。

2004年至2008年，随着互联网技术的高速发展、计算机的普及以及信息化进程的不断推进，越来越多的参与者进入市场。2008年，中国B2B市场达到第一次顶峰，阿里巴巴、慧聪集团等B2B平台相继上市，B2B市场发展迅速。2009年至2011年，由于国际金融危机的影响，同质化的服务使得B2B市场竞争激烈。中国B2B市场在经过2011年的低迷之后，在2012年进行了初步的变革，2013年市场运营模式多元化态势初显，2014年，互联网广泛应用，信息相互互联，大数据、云计算等新科技不断被应用。以信息服务、广告服务、企业推广为主的B2B1.0电子商务时代已逐渐褪去，以在线交易、数据服务、物流服务等为主的B2B2.0电子商务新时代已经到来。

第三阶段：高速发展阶段（2015年至今）。

自2015年始，中国B2B电子商务在垂直领域快速崛起。以交易为核心的B2B电子商务正在"撬动"中国具备万亿规模的垂直市场，如钢铁、化工、电子元器件、农业、建材等领域。垂直交易类B2B平台具备较强的服务"纵深"能力，其更加深入产业链上下游，满足企业多样化需求，为中国整个B2B电子商务市场带来了新的"增长动力"，也促进了中国B2B电子商务市场的快速发展。

二、了解B2B电子商务类型

（一）按服务的行业分

1. 垂直型B2B

垂直型B2B，又称纵向电子商务市场（或行业垂直B2B电子商务），指提供某一类产品及其相关产品（互补产品）的一系列服务（从网上交流到广告、网上拍卖、网上交易等）的电子商务交易平台。之所以称之为"垂直网站"，是因为这些网站的专业性很强，它们将自己定位在一个或某几个特定相关行业，如化学、医药、钢铁或农业，聚焦其中力求做深做透。

垂直的B2B电子商务可以分为两个方向，即上游B2B电子商务和下游B2B电子商务。企业既可以与上游的供应商形成供货关系，也可以与下游的经销商形成销货关系。生产商或商业零售商与上游的供应商形成供货关系，如戴尔公司与上游的芯片和主板制造商就是通过这种方式进行合作的。生产商与下游的经销商可以形成销货关系，如思科与其分销商之间进行的交易。

2. 综合类B2B

综合类B2B电子商务，又称面向中间交易市场的水平综合B2B电子商务交易模式，指不限定或不完全限定行业领域的B2B电子商务模式。该模式利用网上中介服务网站将买方和卖方集中到一个市场上来进行信息交流、广告促销、拍卖竞标、商品交易、仓储配送等商业活动。

之所以称为水平综合B2B电子商务模式，是因为这种模式的行业广泛、企业众多，很多的行业和企业都可以在同一个网站上进行商务贸易活动。它是将各个行业中相近的交易过程集中到一个场所，为企业的采购方和供应方提供了一个交易的机会。例如，阿里巴巴为传统企业提供网上中介服务。

（二）按贸易的类型分

内贸B2B电子商务，指服务于国内贸易的B2B电子商务模式，如中国制造网。

外贸B2B电子商务，指服务于中国企业进出口贸易的B2B电子商务模式（如敦煌网），海外企业之间的贸易不包括在内。

（三）按交易的规模分

规模以上B2B电子商务和中小企业B2B电子商务。规模以上B2B电子商务通常为大型企业自建B2B电子商务网站来开展电子商务，如海尔、联想等推出的网上采购和网上分销。中小企业通常依靠第三方电子商务平台开展电子商务，依据产品和企业的实际情况选择垂直型或综合型平台。

三、知悉B2B电子商务优势

B2B电商模式广泛推广，打破了时间的限制，地域的限制，改变了销售的方法，改变了贸易形态。与传统的渠道相比，电商B2B渠道具有四大明显优势。

（一）提升品牌影响力

对于传统企业来说，市场已经趋于饱和，营销方法同质化现象也日益严重。而B2B电子商务通过平台的聚合与影响快速掌握优势资源，从而让传统企业获得按行业特性找到下游采购商的精准通道。海量的网站流量和精准的曝光度，让企业在提升品牌影响力上达到事半功倍的良好效果。

（二）聚焦最大客户群

随着社会的不断发展，企业规模的逐渐扩大，现代企业要求管理更加高效、快捷，企业追求的是"短、平、快"带来的即时利益，企业采购也不例外，传统的采购方式已经不能满足现代企业的发展。与此同时，互联网用户的增长率每年都在上升，在网上进行交易的商家越来越多，交易的安全性也极大地提高。因此只有顺应B2B电子商务的趋势，才能维系客户群体，促进企业发展。

（三）有效降低运营成本

互联网突破了地域、时间、客户群的限制，用户可以在任何时间、任何地点完成线上交易，买卖双方从交易洽谈、签约、货款支付到交货通知的整个交易过程可以在网络上进行。相对于传统的渠道来说，B2B电商渠道更为高效、便捷、安全。B2B电商模式可以通过"大数据"将市场的需求信息传递给企业决策者，同时将企业的生产信息传递给供应商，还可提供选型报价、交期保障、支付安全保障等优质服务，节约采购成本。

（四）顺应社会发展趋势

现在是信息化社会，每一次信息技术的突破，都会给各行各业带来巨大的转变。随着我国已经进入创新型国家行列，信息技术已经全面融入了社会各方面，推动各行各业向前创新发展。B2B能够有效解决地域影响，节约交易过程中的资源和成本，实现资源的最大整合和利用。正如阿里巴巴首席执行官张勇所言，目前零售流通行业虽然面临着很多经济的压力，面临着整个消费的压力，但随着整个互联网供给侧的全面发展，其实B2B的春天正在到来。

四、熟悉B2B电子商务盈利模式

B2B电子商务盈利模式如表3-1-1所示。

表3-1-1　B2B电子商务盈利模式

盈利来源	模式介绍
广告	文字广告
	图片广告
	动态广告等
	广告联盟分享投放知名网站上的广告
	邮件广告
	商业调查投放
搜索	关键词竞价排名
	热点词汇直达商铺或企业网站
自有产品销售	行业的管理软件
	网站会员等级
	企业建站
交易	交易佣金
	支付服务

通过搜集关于B2B电子商务模式的最新资讯，王敏了解了B2B电子商务模式的优势、特点和盈利模式，对不同类型的B2B网站也有了新认识。经过分析本公司经营状况，王敏认为作为中小企业，公司可以先通过在第三方B2B网站上开展业务，增加海外贸易渠道，等业务量拓展到一定规模后再考虑建立企业官方网站。

活动二　了解B2B典型代表网站

在对B2B电子商务模式有了一定认识之后，王敏决定选取几个典型网站调查并吸取其成功经验，以便对本公司的业务拓展做指导。阿里巴巴为什么能成为商业传奇？还有哪些优秀的B2B网站的运营模式可以借鉴学习？王敏开启了新一轮的探索。

一、认识阿里巴巴

（一）阿里巴巴网站与阿里巴巴集团

1. 阿里巴巴网站

阿里巴巴（1688.com）是全球企业间（B2B）电子商务的著名品牌，为阿里集团的旗舰业务，是中国领先的小企业国内贸易电子商务平台。作为阿里巴巴集团旗下子公司，为数千万网商提供海量商机信息和便捷安全的在线交易市场，也是商人们以商会友、真实互动的社区平台。从海量的商品中甄选热销新品、优质好商，为买家采购批发提供风向标。

随着中国电商整体环境的发展，B2B电商在这几年也获得了突飞猛进的发展。在继续保持和扩大在线交易的规模，通过电子商务改变中国商品传统流通格局外，1688网站也在这两年推出了一系列的纵深化服务，把业务重心进一步聚焦到为零售商提供深度服务体验上来。1688在未来将会为广大中小零售商提供更多深度供应链服务，提供更多源头品质货源，让线上的C类卖家和线下的零售店主都能感受到更为适合自己需求的个性化电商服务。

2. 阿里巴巴集团

阿里巴巴网络技术有限公司（简称：阿里巴巴集团）是以曾担任英语教师的马云为首的18人于1999年在浙江杭州创立的公司，集团的首个网站是英文全球批发贸易市场阿里巴巴。同年阿里巴巴集团推出专注于国内批发贸易的中国交易市场（现称"1688"）

2014年9月19日，阿里巴巴集团在纽约证券交易所正式挂牌上市，股票代码"BABA"，创始人和董事局主席为马云。阿里巴巴创始人马云觉得世界各地的人士也认识有关"阿里巴巴"的故事，而且大部分语言也存在类似的读音，因而将公司命名为阿里巴巴。阿里巴巴意谓"芝麻开门"，喻意平台为小企业开启财富之门。阿里巴巴成立后，企业旨在构建未来的商务生态系统，愿景是让客户相会、工作和生活在阿里巴巴，并持续发展最少102年，以完成其使命——让天下没有难做的生意。

2018年9月10日，马云宣布，2019年9月10日将不再担任董事局主席，CEO张勇接任。

知识链接

1688商人节

1688商人节是由阿里巴巴集团旗下内贸平台1688发起的服务全国中小企业的节日，是每季度举办一次的全国性活动。该活动的打造，旨在引起全社会对"中小企业"群体的关注。

2017年11月29日，1688平台升级发布会，作为首届商人节的开端启幕。

1688商人节为全国中小企业搭建展示其企业实力的舞台，同时联合集团内外物流、金融、技术等为中小企业集中提供各种B类服务。

（二）核心业务

1688以批发和采购业务为核心，通过专业化运营，完善客户体验，全面优化企业电子商务的业务模式。目前， 1688已覆盖原材料、工业品、服装服饰、家居百货、小商品等16个行业大类，提供从原料采购--生产加工--现货批发等一系列的供应服务。

1688的核心业务主要分为垂直行业市场及特色服务频道。垂直行业市场主要针对行业特性，为买卖家提供行业内品质货源及具有行业特色的导购等服务。特色服务频道主要包括伙拼、快订、淘工厂、代理加盟、采购商城等，这些频道着眼于聚合买家需求，深入供应链前端，提高供应链和商品流通效率。

1. 诚信通

诚信通是1688为从事中国国内贸易的中小企业推出的会员制网上贸易服务，主要用以解决网络贸易信用问题。 是建立在1688上的网上企业商铺，通过这个网上商铺可直接销售产品，并宣传企业和产品。

2. 产业带

产业带聚集了生产设备、原材料、面辅料、设计、货运等各类以生产为中心的上下游企业，建立经济技术协作圈。这里汇聚了好商好货。旨在帮助买家直达原产地优质货源，帮助卖家提升竞争力，降低竞争成本。同时联合产业带当地政府和第三方服务商合作运营，优势共享。

3. 伙拼

伙拼是1688推出的批发型团购频道。伙拼产品的行业覆盖了服装、母婴、食品、美容、百货、家纺、家装、工业品等几乎全部的产品品类，让所有批发商以低成本、高效率进行网络批发。

4. 淘工厂

淘工厂是链接电商卖家与工厂的加工定制服务。一方面解决电商卖家找工厂难、试单难、翻单难、新款开发难的问题；另一方面将线下工厂产能商品化，通过淘工厂平台推向广大的电商卖家从而帮助工厂获取订单，实现工厂电商化转型，打造贯通整个线上服装供应链的生态体系。

5. 商友圈

商友圈是聚集不同行业、不同地域、不同专业市场的卖家和买家专业群体的电子商务社区，汇聚全国各地各行业超过一万个商盟、五十万个生产厂家企业主、经销商，横跨数千个行业，每天超过五十万人在线活跃。商友们可以在这里发现专业的交友、互动圈子，与各行各业专家、企业主交流商业经验、分享商业知识，参与各种类型商圈线上/线下活动，聚集商业人脉。

6. 生意经

生意经是1688为广大用户提供的专注于商业领域，通过问答的手段解决商业难题，并通过wiki手段积累商业实战知识的平台，每天有超过300万商友通过生意经沟通商业难题。生意经旨在"让天下没有解决不了的生意上的难题！"。

7. 快订

快订是1688全新上线的新品订货专业频道。深度整合尖端设计师、产业集群地工厂、外贸大厂及尖端面料商等供应链上游资源，旨在为淘宝天猫卖家、线下品牌商等核心零售商提供海量的首发原创设计款，打造"小批量、快生产、高品质"的一站式"快时尚"订货模式。

8. 代理加盟

是为1688商家提供的渠道发展服务。支持品牌商家的线上代销、加盟、代理等方式的渠道招募。

9. 采购商城

1688采购商城是阿里巴巴1688旗下自营的工业品采购超市。面向国内生产制造企业，提供涵盖五金工具、劳保防护、电工电气、机械部件、行政办公、物流包装、LED照明、精细化学和公用设施等产品品类。1688采购商城保障所有商品正品真货，并提供七天无理由退换服务。采购商城承诺按约发货，并由商城统一提供发票。

知识链接

阿里巴巴集团提供的业务

阿里巴巴已经形成了一个通过自有电商平台沉积以及UC、高德地图、企业微博等端口导流，围绕电商核心业务及支撑电商体系的金融业务，以及配套的本地生活服务、健康医疗等，囊括游戏、视频、音乐等泛娱乐业务和智能终端业务的完整商业生态圈。这一商业生态圈的核心是数据及流量共享，基础是营销服务及云服务，有效数据的整合抓手是支付宝。

阿里巴巴集团经营多项业务，另外也从关联公司的业务和服务中取得经营商业生态系统上的支援。业务和关联公司的业务包括：淘宝网、天猫、聚划算、全球速卖通、阿里巴巴国际交易市场、1688、阿里妈妈、阿里云、菜鸟网络、蚂蚁金服等。

二、知悉其他B2B网站

（一）慧聪网

慧聪网成立于1992年，依托网络平台及先进的搜索技术，为中小企业搭建诚信的供需平台，提供全方位的电子商务服务。慧聪网依托其核心互联网产品买卖通及雄厚的传统营销渠道——慧聪商情广告与中国资讯大全、研究院行业分析报告为客户提供线上、线下的全方位服务。

（二）敦煌网

敦煌网是全球领先的在线外贸交易平台，成立于2004年，网站致力于帮助中国中小企业通过跨境电子商务平台走向全球市场，开辟一条全新的国际贸易通道，让在线交易变得更加简单、更加安全、更加高效。敦煌网是国内首个为中小企业提供B2B网上交易的网站，据相关交易平台（Paypal）2011年数据显示，敦煌网是在线外贸交易额中亚太排名第一、全球排名第六的电子商务网站。

（三）中国制造网

中国制造网是一个中国产品信息荟萃的网上世界，面向全球提供中国产品的电子商务服务，旨在利用互联网将中国制造的产品介绍给全球采购商。中国制造网创建于1998年，是由焦点科技开发和运营的，是国内著名的B2B电子商务网站，已连续四年被《互联网周刊》评为中国最具商业价值百强网站。中国制造网汇集中国企业产品，面向全球采购商，提供高效可靠的信息交流与贸易服务平台，为中国企业与全球采购商创造了无限商机，是国内中小企业通过互联网开展国际贸易的首选B2B网站之一，也是国际上有影响的电子商务平台。

在了解了以阿里巴巴为代表的B2B网站后，王敏对B2B网站的现状有了新的了解和认识。经过一轮分析思考，王敏认为，若本公司需要开展B2B业务，可以利用阿里巴巴平台的服务，对外贸易可以选择敦煌网。王敏决定将自己的想法跟同事讨论一下，以便后续业务的开展。

任务二　认识B2C电子商务模式

任务描述

在跟同事讨论完B2B电子商务模式之后，王敏发现，公司当前面临的最主要的问题是如何促进与个体消费者之间的交易往来。因此她决定研究一下B2C电子商务模式，看看能否找到思路，帮助公司提高销量。

任务分解

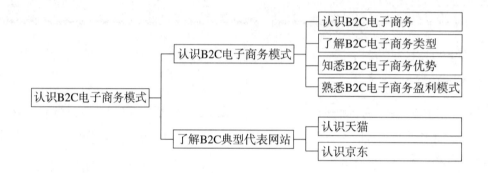

活动一　认识B2C电子商务模式

王敏在校学习的时候老师介绍过B2C电子商务模式，但由于时间久远，王敏感到有些陌生了，并且对于B2C电子商务的新发展他也缺乏一些了解。她决定先了解清楚B2C模式之后，再研究如何利用B2C帮助公司开展网上零售业务。

一、认识B2C电子商务

（一）定义

B2C是指企业对消费者的电子商务模式，指企业通过互联网为消费者提供一个新型的购物环境——网上商店，消费者通过网络在网上购物、在网上支付。这种形式的电子商务一般以网络零售业为主，主要借助于互联网开展在线销售活动。

（二）特点

1. 用户量大且涉及范围广

在当今网络快速发展的时代，大部分人都选择网上购物，因为这样除了快捷方便之外，还可以随时随地购物。

2. 给企业节约了成本

这种线上交易的方式，给企业免去了租店面的烦琐，同时也节约了不少的成本，使利润达到了最大化。

3. 拥有合理的销售渠道

在这种直接面对消费者的销售情况下，企业省去了多个中间商，不仅有了固定的供货渠道，还满足了不同客户的需求。

4. 提供各方面的个性化服务

与传统商务相比，这种线上销售比传统销售更加方便，更加多元化，弥补了传统商务中的很多不足。

（三）典型网站

1. 天猫

原名淘宝商城，是一个整合数千家品牌商、生产商，为商家和消费者之间提供一站式解决方案的综合性购物网站。

2. 京东

京东是中国电子商务领域受消费者欢迎和具有影响力的电子商务网站之一，是专业的综合网上购物商城。

3. 当当

当当以图书零售起家，如今已发展成为领先的在线零售商。当当网致力于为用户提供一流的一站式购物体验。

二、了解B2C电子商务类型

B2C电子商务按服务主体可分为两种类型：自主销售式B2C电子商务和第三方平台式B2C电子商务。

自主销售式B2C电子商务由企业自建服务于本企业需要的电子商务网站，如凡客诚品、京东商城、当当网、亚马逊、苏宁易购、唯品会等。

第三方平台式B2C电子商务由电子商务企业建立网站向企业提供第三方交易平台，如天猫。

一些自主销售式B2C电子商务网站为了商品更丰富和更好地利用已有网站资源，也推出B2C购物平台，如京东、当当、亚马逊等都相继开放第三方平台，在自营业务的同时，兼顾第三方平台业务。数据显示，2011年起，来自全球第三方卖家的商品在亚马逊所销售商品总量中已经超过三成，第三方卖家已经成了B2C电商的重要组成部分。

三、知悉B2C电子商务优势

（一）获得用户信赖

对于任何一个企业来说，打开其知名度是非常重要的，虽然有些企业选择了在天猫开设企业店铺，但是比起B2C网上商城，这种企业店铺的专业性远远不够。企业的B2C网上商城系统，将会拥有一个独一无二的顶级域名。对于消费者来说，拥有专业B2C网上商城系统的企业当然会更值得信赖。

（二）自主管理

B2C网上商城系统对于企业来说是完全独立自主的，可以自行设计活动页面，自行规划店铺分布管理等。如果是入驻其他平台则需要缴纳一定的费用，还必须根据平台制定的规则来管理店铺等，自主性比较差。企业还可以根据自身的需求，在B2C网上商城系统里设置特殊的模块等。

（三）告别恶性价格竞争

有过购物经验的人都知道同一件商品在不同的店铺价格没有最低只有更低，同类型的商品之间竞争很大，容易引发恶性价格战争。而企业搭建B2C网上商城系统，能够有效地避免恶意竞争，摆脱价格战，同时也有利于企业品牌形象的塑造。

（四）独享客户资源

如果企业入驻平台，那么意味着要与其他同类型的企业来竞争客源，而如果搭建B2C网上商城系统则可以独享所有的客户资源。客户资源多了，销量自然不会差。

四、熟悉B2C电子商务盈利模式

（一）产品销售收入

商品与服务交易的收入是大多数企业的B2C电子商务网站的主要盈利来源，也是现阶段B2C电子商务网站最主要的盈利模式之一。由于一般企业B2C网站的运营类型可分为自主销售式B2C电子商务网站和第三方平台式B2C电子商务网站，因此盈利模式也略有差异。

1. 自主销售式B2C电子商务网站

这类B2C电子商务网站是企业销售类B2C商城或B2C网站，企业在平台出卖产品，以在平台上销售产品为主要盈利方式，需要自行开拓采购供应商渠道，并构建完整的仓储和物流配送体系或者发展第三方物流加盟商，还要满足消费者购买产品后的物流配送服务。这种方式下，打折优惠是吸引消费者的最佳方式，低廉的价格能够吸引客户、提高点击率，使访问量增加，交易量也会增加。

2. 第三方平台式B2C电子商务网站

这类B2C电子商务网站没有自己的产品，只为各企业商家提供B2C平台服务，通过收取虚拟店铺出租费、交易手续费、加盟费等来实现盈利。典型代表：天猫。

（二）广告费

网络广告盈利不仅是互联网经济的常规收益模式，也是几乎所有电子商务企业的主要盈利来源。B2C电子商务网站提供弹出广告、横幅广告、漂浮广告、文字广告等多种表现形式。

广告是最为重要的B2C电子商务网站盈利模式之一，其主要作用是吸引顾客的注意力，让顾客进入企业B2C电子商务网站。这种盈利模式能否成功的关键是企业自身的B2C电子商务网站能否吸引大量的广告，能否吸引广大消费者的注意。

（三）会员费

大多数电子商务平台实施会员制，因此收取会员费是B2C电子商务网站的一种主要盈利模式。B2C电子商务网站根据不同的运营方式及提供的服务收取会员费用，B2C电子商务网站提供的服务有：在线加盟注册程序、购买行为跟踪记录及在线销售统计资料查询等。会员数量在一定程度上决定了网站通过会员最终获得的收益。

（四）网站的间接收益模式

企业B2C电子商务网站盈利模式除了靠将自身创造的价值变为现实价值获取利润外，还可以通过价值链的其他环节实现盈利，如网上支付收益模式和网站物流收益模式等。

（五）咨询服务费

为业内厂商提供咨询服务，收取服务费，如中国药网、中药通网站等。

（六）订单中介费

一些B2C电子商务网站通过接收客户在线订单，收取交易中介费来盈利。

（七）特许加盟费

提供加盟模式，一方面可以迅速扩大规模，另一方面可以收取一定的加盟费。

（八）拍卖

B2C电子商务网站可以通过为收藏者提供拍卖服务收取中间费用。

（九）产品租赁

B2C电子商务网站可以通过提供租赁服务，收取租金。

在对B2C电子商务模式的定义、特点、类型、盈利模式等进行了系统的学习后，王敏意识到，这正是公司需要开展的网络零售模式。于是她在对公司产品做了深入了解后认为，公司是自主经营生产的运动品牌，并且产品已有一定的知名度，因此应该选择自主销售式B2C电子商务来开展B2C业务，在初期可以选择入驻B2C平台积累经验，等技术成熟时可以再建立销售式B2C电子商务网站。

🎞 活动二　了解B2C典型代表网站

在和同事商讨如何开展公司B2C业务时，王敏犯了难，原来他们都缺乏实际运营经验，对B2C平台的规则都不是很了解。于是他们决定先对当前经营比较好的B2C平台进行分析了解，再开展业务。经过讨论，大家一致认为选取天猫和京东作为B2C网站的典型代表进行研究，应该会对公司网上业务的开展有帮助。

一、认识天猫

（一）简介

天猫原名淘宝商城，是一个综合性购物网站。天猫首页如图3-2-1所示。

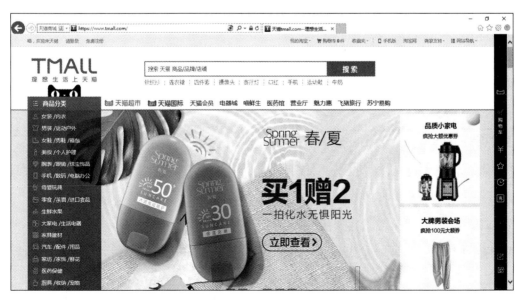

图3-2-1　天猫首页

2012年1月11日，淘宝商城在北京举行战略发布会，宣布更换中文品牌"淘宝商城"为"天猫"。淘宝商城总裁张勇表示，取这个名字一方面是因为"天猫"跟tmall发音接近，更重要的原因是随着B2C的发展，消费者需要全新的、与阿里巴巴大平台挂钩的代名词，"天猫"将提供一个定位和风格更加清晰的消费平台。猫是性感而有品位的，天猫网购，代表的就是时尚、性感、潮流和品质；猫天生挑剔，挑剔品质，挑剔品牌，挑剔环境，这恰好就是天猫网购要全力打造的品质之城。

知识链接

天猫与"双十一"

2011年11月11日，这个被网友戏称为800年一遇的光棍节，成了淘宝等电子商务巨头网上促销的绝佳日子。仅11日一天，该商城支付宝的交易额就达到33.6亿元的惊人数字。

2021年天猫双11总交易额（GMV）定格在5403亿元，创下新高，比2020年4982亿元的交易额增长了8.45%。相较之下，2020年天猫双11的GMV增速为26%。

在绿色低碳方面，2021年天猫还发布了双11减碳计划，首次推出绿色会场，上新50万件绿色商品，并发放1亿元绿色消费补贴。据菜鸟碳测算信息系统显示，11月1日以来，包括使用电子面单、原箱发货、装箱算法、驿站绿色回收和寄件等行为在内，合计已产生10.95亿次绿色行为，菜鸟绿色物流实现碳减排1.8万吨。其中使用菜鸟电子面单和智能装箱的包裹截至11月10日已超12亿件，从菜鸟仓发出的绿色包裹超1500万件。

（二）提供的服务

天猫比普通店铺更有吸引力的是它的服务，它不光是大卖家和大品牌的集合，同时也提供比普通店铺更加周到的服务。

1. 七天无理由退换货

天猫卖家接受买家七天内无理由退换货，无须担心买到的物品不合适，或者买到的物品和实际相差太大。

2. 正品保障

天猫卖家所卖物品都是正品行货，接受买家的监督和淘宝的监督。

3. 信用评价

淘宝信用评价体系由心、钻石、皇冠三部分构成，并成等级提升，目的是为诚信交易提供参考，并在此过程中保障买家利益，督促卖家诚信交易。

（三）盈利模式

盈利来源有：保证金、技术服务年费、实时划扣技术服务费等；天猫广告收入，包括站点广告、隐性广告等；关键词竞价收费、附加软件产品和服务收费、应用程序编程接口（API）平台收入等。

（四）入驻条件

①天猫暂不接受未取得国家市场监督管理总局商标局颁发的商标注册证或商标受理通知书的品牌开店申请（部分类目的进口商品除外）。

②天猫不接受纯图形类商标的入驻申请，因为此类商标无法命名店铺名称以及店铺域名。

入驻天猫的商家不仅需要有自己的品牌，而且持有的商标是R商标还是TM商标对入驻天猫需交纳保证金的金额有影响。

商家在天猫运营有必要交纳保证金，保证金首要用于确保商家依照天猫的规矩进行运营，并且在商家有违规行为时依据《天猫服务协议》及有关规矩规则用于向天猫及消费者支付违约金。店铺的属性不一样，交纳的保证金的金额也不一样。

品牌旗舰店、专卖店：带有TM商标的10万元，全部为R商标的5万元。

专营店：带有TM商标的15万元，全部为R商标的10万元。

天猫官网（商家支持—天猫规则）：https://guize.tmall.com/？spm=875.7931836/B.a2226mz.15.66144265PkDiXW&acm=lb-tms-1104633-90536.1003.4.268545&scm=1003.4.lb-tms-1104633-90536.OTHER_6_268545。网址打开时间2019年5月11日。

二、认识京东

（一）简介

1998年6月18日，刘强东在中关村创业，成立京东公司。京东网上商城在线销售商品包括家用电器、手机数码、电脑商品及日用品百货四大类超过3.6万种商品。京东商城是中国B2C市场最大的3C网购专业平台，也是中国电子商务领域最受消费者欢迎和最具影响力的电子商务网站之一。京东首页如图3-2-2所示。

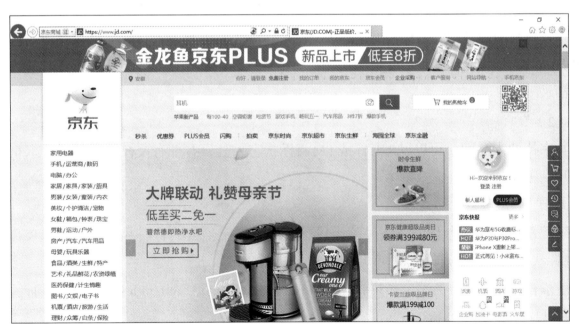

图3-2-2　京东首页

（二）盈利模式

1. 直接销售

降低制造商（零售商）的价格，在采购与销售价之间赚取差价。

2. 利用平台

充分利用付款和收到货物再支付的时间差产生的巨额常量资金进行其他投资盈利。

3. 租赁费

虚拟店铺出租费，产品登录费，交易手续费。

4. 广告费

庞大的注册用户为其广告奠定群众基础。

（三）入驻条件

需要入驻京东商城的商家必须提交相关的商标证件：商标注册证、商标受理通知书，或者商标使用许可的授权书。京东商城的入驻对商标的要求包括以下几点。

1. 商标持有人资格

京东开放平台暂不接受个体商户的入驻申请，因而其注册商标名义必须是在企业名下的商标，而不能是个人名下的商标。

2. 商标状态资格

京东暂不接受未取得商标注册证或商标受理通知书的入驻申请。对于TM商标，需要提供商标受理通知书，并且注册申请时间须满六个月。

3. 商标形式资格

京东不接受纯图形类商标的入驻申请。申请入驻使用的商标可以是文字的、数字的、字母的、三维的、颜色组合的或者以上要素任意组合的。

4. 店铺类型对于商标要求

（1）旗舰店

卖家以自有品牌的R商标或TM商标状态入驻，或由权利人出具的在京东开放平台开设品牌旗舰店的授权文件（授权文件中应明确排他性、不可撤销性），可入驻京东开放平台开设店铺。

（2）专卖店

卖家持他人品牌，可以以R商标或TM商标状态入驻，并拥有授权文件，可在京东开放平台开设店铺。

（3）专营店

经营京东开放平台相同一级经营类目下两个及以上他人或自有品牌，可以以R商标或TM商标状态入驻商品开设店铺。

京东官网（客户服务—合作招商）：https://zhaoshang.jd.com/index。网址打开时间2019年5月11日。

在了解和分析了天猫和京东平台的盈利模式和准入门槛之后王敏了解到，入驻各平台并非易事，各项基本材料和公司商标的完善并非一日之功，并且准入门槛已经有所提升，因此在短期内想要做出成果，她只能另寻他法了。

任务三　知悉C2C电子商务模式

任务描述

虽然前几次的方案都遇到了问题，但王敏并没有受挫，她想起在学校学习时还学过C2C电子商务模式，这种模式能不能对她开展公司网上业务有帮助呢？于是她和同事们开始了新一轮的学习探索。

任务分解

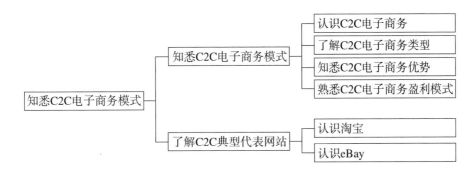

活动一　知悉C2C电子商务模式

据了解，C2C电子商务模式是为大众广泛熟知的一种电子商务模式，这种模式的交易门槛低，卖家与买家之间更能精确针对自己的需求进行交易。那么这种模式有什么特点呢？如何帮助王敏他们公司开展网上销售业务呢？

一、认识C2C电子商务

（一）定义

C2C是指消费者与消费者（或个人与个人）之间的通过网络进行交易的电子商务形式。

C2C网站就是为买卖双方交易提供的互联网平台，卖家可以在网站上发布其想出售商品的信息，买家可以从中选择并购买自己需要的物品。例如，拍卖网站就属此类。另外，一些二手货交易网站也应属于此类。

（二）特点

①类似于现实商务世界中的跳蚤市场。

②电子交易平台供应商扮演着举足轻重的作用。

（三）典型网站

1. 淘宝

中国深受欢迎的网购零售平台，2003年由阿里巴巴公司创办。

2. 易趣

中国首家C2C电子商务网站，后被易贝（eBay）控股。

3. eBay

2018年世界品牌500强排行榜发布，eBay位列47位。

二、了解C2C电子商务类型

（一）拍卖平台模式

拍卖平台模式是指网络服务商利用互联网通信传输技术，向商品所有者或某些权益所有人提供有偿或无偿使用的互联网技术平台，让商品所有者或某些权益所有人在其平台上独立开展以竞价、议价方式为主的在线交易活动的模式。

（二）店铺平台模式

店铺平台模式是电子商务企业提供平台用于个人在其网站上开设店铺，用于出售产品与和买家贸易洽谈。通常该模式下买家交易的步骤为：搜索和浏览宝贝→联络卖家→出价和付款→收货和评价。

三、知悉C2C电子商务优势

（一）C2C能够为用户带来真正的实惠

C2C电子商务不同于传统的消费交易方式。过去，卖方往往具有决定商品价格的绝对权力，而消费者的议价空间非常有限；拍卖网站的出现，则使得消费者也有决定产品价格的权力，并且可以通过消费者相互之间的竞价结果，让价格更有弹性。因此，通过这种网上竞拍，消费者在掌握了议价的主动权后，其获得的实惠自然不用说。

（二）C2C能够吸引用户

打折永远是吸引消费者的良方。由于拍卖网站上经常有商品打折，对于注重实惠的消费者来说，这种网站无疑能引起他们的关注。对于有明确目标的消费者，他们会受利益的驱动而频繁光顾C2C；而那些没有明确目标的消费者，他们会为了享受购物过程中的乐趣而流连于C2C。如今C2C网站上已经存在不少这样的用户。他们并没有什么明确的消费目标，他们花大量时间在C2C网站上游荡只是为了看看有什么新奇的商品，有什么商品特别便宜，对他们而言，这是一种很特别的休闲方式。因此，从吸引"注意力"的能力来说，C2C的确是一种能吸引"眼球"的商务模式。

四、熟悉C2C电子商务盈利模式

（一）会员费

会员费也就是会员制服务收费，是指C2C网站为会员提供网上店铺出租、公司认证、产品信息推荐等多种服务组合而收取的费用。由于提供的是多种服务的有效组合，比较能适应会员的需求，因此这种模式的收费比较稳定。费用第一年交纳，第二年到期时需要客户续费，续费后再进行下一年的服务，不续费的会员将恢复为免费会员，不再享受多种服务。

（二）交易提成

交易提成不论什么时候都是C2C网站的主要利润来源。因为C2C网站是一个交易平台，它为交易双方提供机会，就相当于现实生活中的交易所、大卖场，从交易中收取提成是其市场本性的体现。

（三）广告费

企业将网站上有价值的位置用于放置各类型的广告，根据网站流量和网站人群精度标定广告位价格，然后再通过各种形式向客户出售。如果C2C网站具有充足的访问量和用户黏度，广告业务会非常大。但是C2C网站出于对用户体验的考虑，均没有完全开放此业务，只有个别广告位不定期开放。

（四）搜索排名竞价

C2C网站商品的丰富性决定了购买者搜索行为的频繁性，搜索的大量应用就决定了商品信息在搜索结果中排名的重要性，由此便引出了根据搜索关键字竞价的业务。用户可以为某关键字提出自己认为合适的价格，最终由出价最高者竞得，在有效时间内该用户的商品可获得竞得的排位。只有卖家认识到竞价为他们带来的潜在收益，才愿意花钱使用。

（五）支付环节收费

支付问题一向是制约电子商务发展的瓶颈，直到阿里巴巴推出了支付宝，才在一定程度上促进了网上在线支付业务的开展。买家可以先把预付款通过网上银行打到支付公司的个人专用账户，待收到卖家发出的货物后，再通知支付公司把货款打入卖家账户，这样买家不用担心收不到货还要付款，卖家也不用担心发了货而收不到款。支付公司可按成交额的一定比例收取手续费。

学习了C2C电子商务模式之后，王敏知悉了C2C电子商务的定义、特点、类型、优势和盈利模式。如果需要拓展本公司业务的话，她认为选择店铺平台模式比较合适，那么具体应该选择什么平台呢？C2C平台又有哪些规则呢？她打算先搜集相关资料再去请教别的同事。

活动二　了解C2C典型代表网站

提起典型的C2C网站，王敏首先想到的就是淘宝网，毕竟在日常生活中大家对淘宝网购物流程都非常熟悉。除此之外，王敏回忆起在学校学习时电子商务老师在课堂上常提起的C2C模式的始祖网站——eBay，那么究竟这些平台为什么能获得成功呢？如果想在这些平台上开展业务该如何去做呢？

一、认识淘宝

（一）简介

淘宝网是国内领先的个人交易网上平台，由阿里巴巴公司投资4.5亿创办，致力于成为全球最大的个人交易网站。淘宝网，顾名思义——没有淘不到的宝贝，没有卖不出宝贝。自2003年5月10日成立以来，淘宝网倡导诚信、活泼、高效的网络交易文化。在为淘宝会员打造更安全高效的商品交易平台的同时，也全心营造和倡导了互帮互助、轻松活泼的家庭式文化氛围，让每位在淘宝网进行交易的人，交易更迅速高效，并在交易的同时，交到更多朋友，成为越来越多网民网上创业和以商会友的最佳选择。淘宝网首页如图3-3-1所示。

（二）盈利模式

1. 基本费用盈利

保证金及技术年费。淘宝集市店保证金最低1000元；天猫最低50000元，部分类目行业

图3-3-1 淘宝网首页

甚至高达100000元，天猫不同类目都有对应的佣金和积分扣点以及技术年费，如果达不到返还的销售额，就会扣除该年的技术年费。

2. 支付宝相关盈利

淘宝的支付宝业务充分调动了买家的闲置资金，推出的余额宝等业务，提供高出银行的利率，但是吸收的存款却可以以更高的利息对外借贷或投资，充分利用亿万买家的闲置资金实现资金的流动性价值，进而盈利。

3. 淘宝平台交易提成

淘宝网作为C2C平台，它为交易双方提供机会，就相当于现实中的交易所、大卖场，因此从交易中收取提成是其市场本性的体现。

4. 淘宝相关工具盈利

淘宝平台推出的直通车（CPC）、钻石展位（CPM）等一系列用于辅助店铺推广、展现、营销的工具为淘宝源源不断地创造利润。

二、认识eBay

（一）简介

eBay目前是全球最大的网络交易平台之一，为个人用户和企业用户提供国际化的网络交易平台。eBay于1995年9月4日由皮埃尔·奥米迪亚（Pierre Omidyar）创立。任何人都可以在eBay上出售商品和参加拍卖。eBay首页如图3-3-2所示。

eBay最初通过收购易趣的方式进入中国市场，但之后在与淘宝的竞争中落败，最终以与其他公司合资成立"新易趣"的方式退出中国市场。

（二）提供的服务

每天都有数以百万的家具、收藏品、计算机、车辆在eBay上被刊登、贩售、卖出。有些物品稀有且珍贵，然而大部分的物品可能只是个满布灰尘、看起来毫不起眼的小玩意。这

图3-3-2　eBay首页

些物品常被他人忽略，但如果能在全球性的大市场贩售，那么其身价就有可能水涨船高。只要物品不违反法律或是在eBay的禁止贩售清单之内，即可以在eBay刊登贩售。服务及虚拟物品也在可贩售物品的范围之内。可以说，eBay推翻了以往那种规模较小的跳蚤市场，将买家与卖家拉在一起，创造一个永不休息的市场。大型的跨国公司，像是国际商业机器公司（IBM）会利用eBay的固定价或竞价拍卖来销售他们的新产品或服务。数据库的区域搜寻使得运送更加迅捷或是便宜。软件工程师们借着加入eBay开发者程序，得以使用eBay应用程序编程接口，创造许多与eBay相整合的软件。

（三）盈利模式

①向每笔拍卖收取刊登费。

②向每笔已成交的拍卖再收取一笔成交费。

③eBay提供支付服务（PayPal），所以也从此处获得利益。

通过对淘宝网和eBay平台的了解和分析，王敏惊喜地发现，在淘宝网上开展本公司业务似乎是最行之有效的方法。于是她和同事们一致决定，先将部分零售业务搬到淘宝上进行，以拓宽公司的营销渠道。

任务四 了解其他电子商务应用模式

任务描述

随着"互联网+"政策的推行，许多新业态、新模式层出不穷，传统产业遭受到前所未有的冲击和变革。王敏发现在互联网思维的浪潮下，诞生出许多新型电子商务模式，如互联网+美食=外卖O2O，互联网+优惠券=团购O2O……那么什么是O2O模式呢？是否能将O2O模式运用到我们公司的业务上呢？除了O2O模式还有没有什么新模式值得借鉴学习呢？带着这些疑问，王敏又开始了新的探索。

任务分解

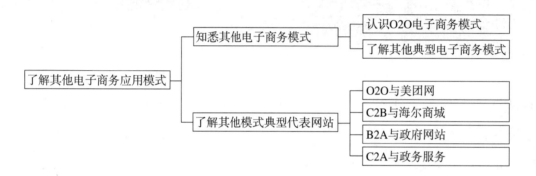

（■）活动一 知悉其他电子商务模式

O2O这个词最近很火，似乎到处都能听到，但O2O具体是什么含义呢？还有没有别的新出现的电子商务模式呢？王敏并不是非常了解，但本着刨根问底的精神，她赶紧上网搜集资料，希望这些新模式能对公司的业务开展有帮助。

一、认识O2O电子商务模式

（一）简介

O2O是Online to Offline的缩写，是指将线下的商务机会与互联网结合，让互联网成为线下交易的平台。O2O的概念非常广泛，既可涉及线上，又可涉及线下。

2013年O2O进入高速发展阶段，开始了本地化及移动设备的整合和完善，于是O2O商业模式横空出世，成为O2O模式的本地化分支。

（二）发展历程

1. 在1.0时期

O2O线上线下初步对接，主要利用线上推广的便捷性把相关的用户集中起来，然后把线上的流量倒到线下，主要领域集中在以美团为代表的线上团购和促销等领域。在这个时期，O2O模式存在着单向性、黏性较低等特点，平台和用户的互动较少，基本上以交易的完成为终结点。用户更多是受价格等因素驱动，购买和消费频率等也相对较低。

2. 发展到2.0阶段

O2O基本上已经具备了目前大家所理解的要素。这个阶段最主要的特色就是升级为服务性电商模式，包括商品（服务）下单、支付等流程，把之前简单的电商模块，转移到更加高频和生活化的场景中来。由于传统的服务行业一直处在一个低效且劳动力消化不足的状态，在新模式的推动和资本的催化下，出现了O2O的狂欢热潮，于是上门按摩、上门送餐、上门化妆、滴滴打车等各种O2O模式开始层出不穷。在这个阶段，由于移动终端、微信支付、数据算法等的成熟，加上资本的催化，用户数量出现了井喷，使用频率和忠诚度开始上升，O2O开始和用户的日常生活融合，成为用户生活中密不可分的一部分。但是，在这中间，有很多看起来很繁荣的需求，由于资本的大量补贴等，虚假的泡沫掩盖了真实的状况。

3. 到了3.0阶段

这一阶段O2O模式开始了明显的分化：一个是真正的垂直细分领域的一些公司开始凸现出来，比如专注于快递物流的速递易，专注于高端餐厅排位的美味不用等，专注于白领快速取餐的速位；另外一个就是垂直细分领域的平台化模式发展，由原来的细分领域解决某个痛点的模式开始横向扩张，覆盖到整个行业。

（三）优势

1. O2O对用户的优势

①获取更丰富、全面的商家及其服务的内容信息。

②更加便捷地向商家在线咨询并进行预订。

③获得相比线下直接消费较为便宜的价格。

2. O2O对商家的优势

①能够获得更多的宣传、展示机会，吸引更多新客户到店消费。

②推广效果可查、每笔交易可跟踪。

③掌握用户数据，大大提升对老客户的维护与营销效果。

④通过在线有效预订等方式实现合理经营，节约成本。

⑤降低线下实体对黄金地段旺铺的依赖，大大减少租金支出。

3. 对O2O平台本身的优势

①与用户日常生活息息相关，并能给用户带来便捷、优惠、消费保障等，能吸引大量高黏性用户。

②对商家有强大的推广作用，可吸引大量线下生活服务类商家加入。

③具有数倍于C2C、B2C的现金流。

④具有巨大的广告收入空间及形成规模后更多的盈利模式。

（四）盈利模式

1. 商品代销

平台与第三方的商家合作，直接通过商品的销售获取返利。

2. 分站加盟授权

通过地图定位功能，不同的地区展示不同的内容。所以，当平台发展到一定规模，就可以对应用程序进行分区域授权，收取加盟费用。

3. 入驻费、交易佣金

通过子账号分权功能，支持第三方商家入驻并自行管理各自的店铺，这样平台运营方只需要收取入驻费就可以了。还可和商家洽谈，根据商品在平台中的交易金额，收取佣金折扣等。

4. 活动费用

平台作为商家和消费者的中间桥梁，可以组织有共同需求的买家向商家集中采购，事后商家给予平台利润回报。

5. 广告费用

不同的广告位置，价格不同。以同城生活圈类的应用程序为例，一个城市生活黄页，就可以容纳成千上万的广告，每个广告位置每年仅收取100元的费用，就是一笔不小的收入。

6. 商户服务费

平台针对所有的商户，提供长期的综合服务，包括线上店铺装修、营销支持、用户调查、粉丝运营等，收取年费。

知识链接

O2O与B2C的区别与相同点

二者的区别：

①O2O更侧重服务性消费，如餐饮、电影、美容、旅游、健身、租车、租房……B2C更侧重购物（实物商品），如电器、服饰等。

②O2O的消费者到现场获得服务，涉及客流；B2C的消费者待在办公室或家里，等货上门，涉及物流。

③O2O中库存是服务，B2C中库存是商品。

二者的相同点：

①消费者与服务者第一次交互在网上。

②主流程是闭合的，且都是网上，如网上支付、网上客服等。

③需求预测管理在后台，供需链管理是O2O和B2C成功的核心。

二、了解其他典型电子商务模式

（一）消费者与企业之间的电子商务模式

消费者与企业之间的电子商务（Consumer to Business，C2B）通常情况为消费者根据自身需求定制产品和价格，或主动参与产品设计、生产和定价，产品、价格等彰显消费者的个性化需求，生产企业进行定制化生产。C2B的模式，强调用"汇聚需求"，取代传统"汇聚供应商"的购物中心形态，被视为是一种接近完美的交易形式。

（二）企业对经理人的电子商务模式

企业对经理人的电子商务（Business to Manager，B2M），是指企业通过网络平台发布该企业的产品或者服务，经理人通过网络获取该企业的产品或者服务信息，并且为该企业提供产品销售或者提供企业服务，企业通过经理人的服务达到销售产品或者获得服务的目的。同时，经理人通过为企业提供服务而获取佣金。B2M相对于B2B、B2C、C2C的电子商务模式而言，是一种全新的电子商务模式。而这种电子商务相对于以上三种有着本质的不同，其根本的区别在于目标客户群的性质不同，前三者的目标客户群都是作为一种消费者的身份出现，而B2M所针对的客户群是该企业或者该产品的销售者或者为其工作者，而不是最终的消费者。

（三）经理人对消费者的电子商务模式

经理人对消费者的电子商务（Manager to Consumer，M2C），即经理人直接面对最终消费者。

M2C是B2M的延伸，也是B2M这个新型电子商务模式中不可缺少的一个后续发展环节。经理人最终还是要将产品销售给最终消费者的，而这里面有很大一部分是要通过电子商务的形式，类似于C2C，但又不完全一样。C2C是传统的盈利模式，赚取的基本就是商品进出价的差价。而M2C的盈利模式则丰富、灵活得多，既可以是差价，也可以是佣金。而且M2C的物流管理模式也可以比C2C更富多样性，比如零库存；现金流方面也较传统的C2C更有优势。

（四）商业机构对行政机构的电子商务模式

商业机构对行政机构的电子商务（Business to Administration，B2A，也即Business to Government，B2G），指的是企业与政府机构之间进行的电子商务活动。例如，政府将采购的细节在国际互联网络上公布，通过网上竞价方式进行招标，企业也要通过电子的方式进行投标。

目前这种方式仍处于初期的试验阶段，但可能会发展很快，因为政府可以通过这种方式树立政府形象，通过示范作用促进电子商务的发展。除此之外，政府还可以通过这类电子商务实施对企业的行政事务管理，如政府用电子商务方式发放进出口许可证、开展统计工作，企业可以在网上办理交税和退税等。

（五）消费者对行政机构的电子商务模式

消费者对行政机构的电子商务（Consumer to Administration，C2A，也即Consumer to Government，C2G），指的是政府对个人的电子商务活动。这类的电子商务活动目前还没有真正形成。然而，在个别发达国家，如在澳大利亚，政府的税务机构已经通过指定私营税务，或财务会计事务所用电子方式来为个人报税。这类活动虽然还没有达到真正的报税电子化，但是，它已经具备了消费者对行政机构电子商务的雏形。

王敏在了解了新型电子商务模式之后感觉自己开阔了眼界，原来不只是常见的那些模式，很多新模式也是顺应"互联网+"趋势而产生的。王敏在分析后认为O2O模式可以对公司的宣传起到很好的作用，可以结合线上店铺和线下店铺做营销、做活动，这样公司的品牌就更容易获得知名度了。

🎞 活动二 了解其他模式典型代表网站

通过学习，王敏了解到不同电子商务模式的新发展，那么具体都有哪些网站付诸实践了呢？具体又是怎么做的呢？王敏对此非常感兴趣，决定一探究竟，以便顺应当下发展潮流，完成网站业务的提升。

一、O2O与美团网

O2O电子商务模式的典型网站涵盖了吃喝玩乐生活商圈的方方面面，如百度糯米、滴滴打车等，美团网也是其中的代表性网站。美团网首页如图3-4-1所示。

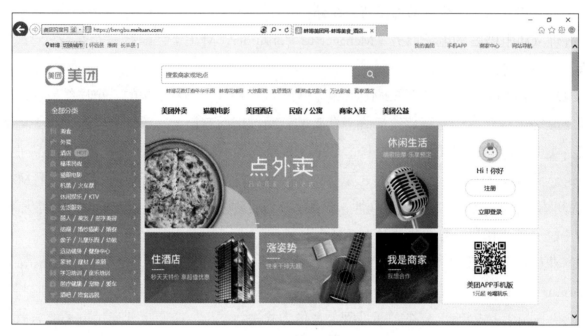

图3-4-1　美团网首页

美团网，成立于2010年3月4日，致力于为消费者提供"本地精品消费指南"服务。美团网作为国内第一批模仿高朋（Groupon）模式的团购网站，定位于独立的第三方的团购组织者，通过团购网站发布相关团购产品信息。美团网的口号是：每天团购一次，为消费者发现最值得信赖的商家，让消费者享受超低折扣的优质服务；每天一单团购，为商家找到最合适的消费者，给商家提供最大收益的互联网推广。美团网的服务宣传宗旨是"吃喝玩乐全都有"和"美团一次，美一次"。2015年10月8日，美团网与大众点评宣布合并。大众点评网与美团网联合发布声明，宣布达成战略合作并成立新公司。新公司将成为中国O2O领域的领先平台。合并后双方人员架构保持不变，保留各自的品牌和业务独立运营。新公司将实施联席首席执行官（Co-CEO）制度，美团首席执行官王兴和大众点评首席执行官张涛将同时担任联席首席执行官和联席董事长。美团网的经营模式如图3-4-2所示。

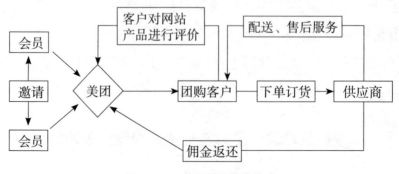

图3-4-2　美团网的经营模式

二、C2B与海尔商城

C2B是互联网经济时代新的商业模式。这一模式改变了原有生产者（企业和机构）和消费者的关系，核心是以消费者为中心，消费者当家做主。海尔商城首页如图3-4-3所示。

在海尔商城用户可以选择电器尺寸、颜色、材质、外观图案等。海尔商城先后推出了电视的模块化定制、空调面板和冰箱的个性化定制等，并在2013年与天猫合作尝试了多次C2B定制活动，其中借助"双十一"预售定制也是其重要的盈利模式。依托大数据分析，通过分析用户的性别、年龄、区域、搜索关键词、行为偏好等，海尔商城归纳出多类细分的用户群，并进行定向的精准营销。

图3-4-3 海尔商城首页

三、B2A与政府网站

B2A指政府通过电子网络系统进行电子采购与招标，精简管理业务流程，快捷迅速地为企业提供各种信息服务，涵盖电子采购与招标、电子化报税、电子证照办理与审批、相关政策发布、提供咨询服务等政府业务。如广东省政府为鼓励创办企业，人们可以在政府官网首页上完成开办企业的手续。以广东省政府官网为例，广东政务服务网开办企业一窗受理服务网页如图3-4-4所示。

图3-4-4 广东政务服务网开办企业一窗受理服务网页

四、C2A与政务服务

随着C2A、B2A的发展，政府将会对社会的个人提供更为全面的电子方式服务。政府各部门向社会纳税人提供的各种服务，如社会福利金的支付等，将来都会在网上进行。广东省人民政府官方首页提供的便民服务如图3-4-5所示。

图3-4-5　广东政务服务网首页

王敏在了解了新型电子商务模式与典型代表网站后，觉得大开眼界，原来各种电子商务模式早已贯穿在生活的方方面面，给人们带来了很多便利。作为初出茅庐的职场新手，王敏决定好好利用这些新模式，既结合线上商城又与线下实体相结合，在做好产品的同时将用户体验放在重要位置，这样应该就能达到公司和消费者双赢的效果。

项目总结

通过学习B2B、B2C、C2C、O2O等电子商务模式的定义、分类、优势、盈利模式，王敏知悉了常见电子商务模式的基础知识；同时在分析了各类模式的相关典型网站后，王敏结合公司的实际情况，了解了如何将这些理论知识运用到公司实际运营中去，以便帮助公司拓展网上业务。

党的二十大以来，要求我们坚持解放思想、实事求是、与时俱进、求真务实，一切从实际出发，王敏对此深受启发，于是她在多次分析和总结后对传统企业开展网上业务的渠道有了新认知。在企业实践中，她不仅运用了在学校学习的理论知识，更重要的是一步步解决了实际开设网站时遇到的各种困难。在此过程中，王敏既增强了自己的团队合作能力，又提升了自己的实践能力，这为她以后的电商运营工作打下了坚实的基础。

思政园地

疫情下的电子商务

突如其来的新冠肺炎疫情让很多人措手不及，"物资告急！防御告急！"让华夏儿女心有余而力不足，在此之下，2021年1月25日，阿里巴巴宣布设立人民币10亿元医疗物资供给专项基金。同日，菜鸟联合全球物流业开通物流"绿色通道"，免费从海内外各地为武汉地区和其他受疫情影响地区运输社会捐赠的救援物资。

截至2021年2月13日，阿里巴巴已采购超过4000万件医疗物资驰援抗疫，价值人民币4.68亿元。菜鸟"绿色通道"已向武汉等地运送2600万件来自海内外捐赠的医疗物资。达摩院免费为防疫机构提供疫情防控智能呼叫平台，高效率完成重点目标人群的智能语音服务。钉钉发布企业员工健康打卡产品，每天有超过1.5亿人次在钉钉上健康打卡"报平安"。除此之外，面向全国的普通民众，淘宝于第一时间向淘宝天猫平台的所有销售口罩的商家发出通知，绝不允许涨价销售。针对武汉本地，阿里健康与武汉当地阿里健康O2O合作线下药店沟通，倡导商家承诺口罩等商品不涨价。同时，淘宝对聚划算百亿补贴的口罩商品进行了专项官方补贴，在疫情期间，阿里健康"急送药"服务也实现了春节不打烊。

在大战"病毒"层面，阿里云与钟南山团队达成合作，借助AI云技术来加速推进新冠病毒的防治有关工作。在这过程中，阿里云将提供超大规模的计算能力以及AI算法等多种云计算技术，从而支持并帮助钟南山团队等有关科研人员加快对新冠病毒的多种相关工作，为有关科研工作提供强而有力的数字化技术保障。

实战训练

一、单选题

1. 在电子商务分类中，C2C指的是（　　　）。

A. 消费者对消费者的电子商务　　　　B. 企业对企业的电子商务

C. 企业对消费者的电子商务　　　　D. 线上线下电子商务

2. 表示企业与消费者间的电子商务的英文缩写是（　　　）。

A. B2C　　　　B. B2B　　　　C. B2G　　　　D. G2A

3. 下面属于B2B商城的是（　　　）。

A. 京东商城　　　B. 苏宁易购　　　C. 国美在线　　　D. 阿里巴巴

4. O2O是指（　　　）。

A. 企业对企业的电子商务　　　　B. 线上线下电子商务

C. 线上电子商务　　　　D. 消费者对消费者的电子商务

5. 很多电商企业为了满足不同消费者的个性化需求，纷纷出台定制化服务。消费者可根据自己的喜好来对商家提出要求由商家去完成。这种模式可以归属于哪种电商模式？（　　　）

A. B2C　　　　B. C2C　　　　C. C2B　　　　D. B2B

二、多选题

1. 下列哪些网站属于B2C模式？（　　　）

A. 京东　　B. 淘宝网　　C. 当当网　　　　D. 中国制造网　　　E. 天猫

2. C2C电子商务的盈利模式包括（　　　）。

A. 会员费　　B. 交易提成　　C. 广告费　　　D. 搜索排名竞价　　E. 支付环节收费

3. B2C电子商务按服务主体可分为（　　　）B2C类型。

A. 垂直型　　B. 综合型　　　C. 第三方平台式　D. 自主销售式　　　E. 外贸式

4. O2O模式让哪些人群直接受益？（　　　　）

A. 商家　　　　B. 用户　　　C. 发明者　　　　D. 制造者　　　　E. 平台方

5. 淘宝是C2C电商模式的典型例子。下面属于淘宝C2C缺点的是（　　　）。

A. 商品质量无法保证　　　　　　　　B. 交易之后可随意更改订单

C. 物流中存在货物乱扔的情况　　　　D. 诚信的维护问题

三、判断题

1. 2018年"双十一"天猫购物狂欢节中，全天交易额达到2135亿元。（　　　）

2. 亚马逊是国内最大的C2C电子商务网站。　　　　　（　　　）

3. 综合型B2B电子商务平台的特征是专业性强。（　　　）

4. 天猫属于自主销售式B2C网站。（　　　）

5. 美团网是典型O2O模式代表。（　　　）

四、案例分析题

北京图书大厦网上书店在首都电子商城开业3个月以后，便开始盈利，这说明他们实施B2C模式的电子商务取得了成功。其主要标志如下。

①较好地解决了全球性的安全支付问题。在首都电子商务工程试点中，首都电子商城配置了自主开发的具有高位加密算法的安全协议。在与国内外银行和公司的合作下，采用多种具有实效的现代支付工具与网上银行等支付方式，以及多种安全协议和高位加密算法，并使具有网上安全支付功能的网上购书由北京市扩充至全国，乃至全世界成为可能。

②取得了相当规模的营业额。网上书店经营3个月，平均每月网上有效订单交易额达100万元人民币。另外，网上书店的增值效应平均每月超过50万元。

③实现了网上书店的全球性经营。网上书店已经完全打破了时间和空间的限制，每年365天，每天24小时地提供不间断的经营服务。起初，北京市购买者占所有客户的25%，后来下降到20%；外地购买者由开始时的45%下降到30%，而境外（如北美、欧洲、日本等）购买者的比例则由开始时的30%上升到50%。

④找到了盈利之道。北京图书大厦拥有500余家出版单位出版的30万种图书、音像制品和电子出版物。自网上书店开办以来，除实现网上支付交易外，在网下也实现了增值效应。AC尼尔森机构发布的一项研究显示：我国网上购物的5500万人中，有56%选择网上买书。网上购书已成为电子商务交易中的排头兵，其最大的便利就是快捷和便宜，而且选择范围非常广。比如，在当当网销售过的图书超过60万种，远高于任何一家传统店面。虽然网上书店的图书种类繁多，但读者可以方便地进行查询。商品的销售价格可以低至2～3折，甚至畅销的新书也能够低于7折。

业界人士认为，网上售书的价格优势主要来源于两方面：一方面，营销成本大大低于传统的店面销售模式；另一方面，风险资金的介入也可以让网上书店暂时不考虑眼前的盈利，这是传统书店无法比拟的。

从目前的发展来看，传统书店涉足网上书店只是时间问题。业内专家认为，一方面，传统书店如果能合理利用自己的品牌和传统渠道，有助于拓展自己的网站业务；另一方面，网上书店也有助于促进传统书店的销售。

请根据上述案例资料回答下列问题。

1. 什么是B2C电子商务模式？B2C电子商务的优势有哪些？

2. 网上书店的常规购书流程是什么？

五、场景实训题

据报道，近些年亚马逊在中国的业务开展并不如预想的顺利。请登录天猫、京东和亚马逊官网，下订单体验不同网站的购物流程，试从浏览界面、用户体验等角度分析为何亚马逊并未能创造中国B2C电商的辉煌。小组讨论，并制作PPT上台交流。

项目4 走进电子商务物流

项目概述

王敏所在的部分经过讨论最终确定了网店的运营模式，但是货品的物流问题摆在了他们的面前。虽然网店才刚开始运营，订单量还比较有限，目前店内的物流也可以自给自足，但如果后期订单增多，货品类目和数量要增加，网店规模扩大，必须要有专业的物流支持。

王敏想要提前弄清网店有哪些物流活动？完整的电商物流环节有哪些？除了物流自给自足，还有没有其他的物流模式？一系列物流知识的学习都列在了王敏的计划里。

认知目标

1．知悉电子商务物流概念。
2．了解电子商务物流模式。

技能目标

1．能辨析电子商务企业物流活动。
2．能运用物流技术及设备。

素养目标

1．具有学习电子商务物流的兴趣。
2．具备运用物流信息技术设备的能力。
3．具有电子商务相关物流岗位的工作意识。

任务一 初识物流

任务描述

党的二十大报告指出："面对突如其来的新冠肺炎疫情，我们坚持人民至上、生命至上，坚持外防输入、内防反弹，坚持动态清零不动摇，开展抗击疫情人民战争、总体战、阻击战，最大限度保护人民生命安全和身体健康"。受到国内各地新冠肺炎疫情的影响，今年的物流企业和快递公司都面临着较大压力：疫情期间货物的积压和订单的延迟；企业增加各项疫情物资的购置；公司员工疫情防护的管理和监督，紧急情况下的应急处置等导致电商企业成本不断上涨。

王敏实习的电商部门同样也面临着这些成本压力。疫情当下，她决心从分析网店的每一个物流活动，每一个物流环节开始，做好充分的调研，为网店减轻运营压力。

任务分解

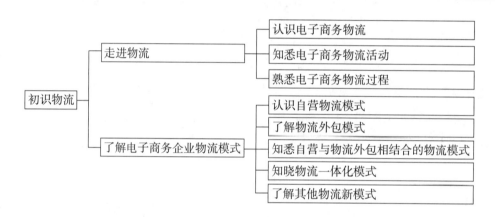

活动一　走进物流

王敏所在的电商部有专门的小仓库，主要用于存放和包装货品，仓库氛围三个区域：一个是存放区，放着简易货架存放网店好卖的物品；一个是出货区，用来包装即将发货的产品，存放着包装所用的物资；还有一个是消毒区，存放着酒精、口罩、手套等疫情物资。

2021年的双11期间，因为订单量突增，商品库存不足订单延迟，导致大量订单的退款和投诉。在大促期间，还出现了诸多的退货导致仓库物品混乱，发错货、错发货的现象频频发生。王敏知道很多网店都将物流外包出去了，但自己的网店究竟适不适合，哪些活动可以外包，哪些可以保留自营。王敏需要通盘了解和学习。

一、认识电子商务物流

电子商务物流是指在电子商务交易活动中，为实现商品流通转移而进行的接收、存储、包装、搬运、配送等实务处理与流动过程。

二、知悉电子商务物流活动

电子商务物流活动包括：仓储、运输、装卸搬运、包装、配送、流通加工、物流信息等。

《中华人民共和国国家标准物流术语》中，仓储指的是通过仓库对物资进行储存和保管。储存是指保护、管理、贮藏物品；保管是对物品进行保存和数量、质量管理控制的活动。

运输是指用设备和工具，将物品从一个地点向另一个地点运送的物流活动。其中包括集货、分配、搬运、中转、装入、卸下、分散等一系列操作。

装卸搬运指的是在指定地点或同一场所内，以人力或机械运输设备对物品进行垂直水平移动的物流作业。

包装是指为在流通过程中保护产品、方便储运、促进销售，按一定技术方法而采用容器、辅料及辅助物等的总体名称。

配送指的是在经济合理区域范围内，根据用户的要求，对物品进行拣选、加工、包装、分割、组配等作业，并按时送达指定地点的物流活动。

流通加工是指物品在从生产地到使用地的过程中，根据需要施加包装、分割、计量、分拣、刷标志、拴标签、组装等简单作业的总称。

物流信息是反映物流各种活动内容的知识、资料、图像、数据和文件的总称。

？【想一想】

物流活动中有哪些是增值物流活动？

结合王京华仓库的情况，分析仓库中有哪些物流活动。

三、熟悉电子商务物流过程

电子商务物流的过程既包括常见的一般过程，也包括逆向的缺货补货、退货和回收物流。

（一）电子商务物流的一般过程

1. 供应商接受订单

通过互联网或企业电子商务订购平台和第三方的订购平台，供应商接到客户订单，对订单信息进行整理和处理。

2. 采购原材料生产

供货方收到客户的订单以后，根据需要采购原材料或调集物资组织生产，以较高的生产效率完成生产。

3. 送货

供货方接到客户订单后，经查询有存货的直接安排送货或委托第三方物流公司送货；查无存货经供货方组织生产完成后安排送货。

以淘宝网为例，电子商务物流的一般过程如图4-1-1所示。

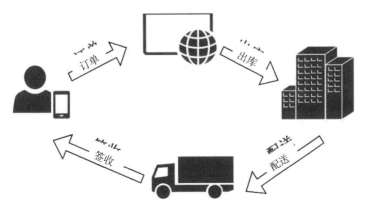

图4-1-1 电子商务物流的一般过程

（二）电子商务的逆向物流

电子商务的逆向物流指的是电子商务企业对销售不合格的商品返修、退货以及周期使用的包装容器从需方返回到供方所形成的物品实体流动。

1. 缺货补货

当电子商务企业接到客户订单，发现此时缺货时，及时将缺货信息整理，让上游供货方补货。

2. 退货

当电子商务企业收到客户退货请求时，查明原因确属退货的，企业根据客户的需要重新发货或进行退款处理。

3. 回收

电子商务企业对物流中退货的货品、包装容器、物流设备等进行回收处理，以达到循环利用的作用。党的二十大报告提出："在全行业广泛形成绿色生产生活方式，使碳排放达峰后稳中有降，生态环境根本好转，基本实现美丽中国目标"。从逆向物流中的各类物资回收到环保纸箱、绿色胶带、电子物流单的使用等，这正是二十大精神倡导下电子商务物流走向新时代发展的行动。

活动二　了解电子商务企业物流模式

王敏在对网店仓库进行实地调研，同时系统学习电子商务物流活动的以后，明确了电子商务物流过程，梳理了仓库的物流活动过程。经过调研和成本核算，王敏觉得仓库储存成本很高，退货换货非常混乱，并且开始思考怎样对现有的物流模式进行调整。

知识链接

各大B2C电商平台的物流模式

从电商模式角度看，B2B电商物流一般是第三方物流外包模式，虽然也有部分自营，但基本上可以归类于第三方物流外包模式。B2C电商物流，京东采用的是平台自建运营模式，天猫采用的是平台整合资源的物流服务模式（菜鸟物流），生产企业B2C电商一般是自建自营与服务外包模式的组合，中小平台和中小电商企业一般都是物流服务外包模式。

一、认识自营物流模式

（一）自营物流的含义

自营物流也称自建物流，是指电子商务所涉及的全部物流任务均由电子商务企业自身来完成，企业自身经营物流业务，建设全资或是控股物流子公司，完成企业物流配送管理业务，即企业自己建立一套物流体系。

（二）自营物流的特点

1. 自营物流优势

电子商务企业实施自营物流模式运营，可以准确地把握企业经营目标，对物流过程和物流成本进行有效的控制，提高客户服务水平，满足消费者即购即得的消费需求。

2. 自营物流适用条件

自营物流模式适合企业资金实力比较雄厚，而且业务规模较大的电子商务企业。这些电子商务企业对物流成本控制目标和客户服务水平的要求都比较高，然而第三方物流又无法满足这样的要求。这种情况下，电子商务企业可以自行建立物流系统，在满足自身的物流服务需求的同时，也可以向其他物流服务需求方，比如其他的电子商务企业，提供综合物流服务，以充分利用物流资源实现规模效益。

除此以外，由传统的大型制造企业，或者批发企业经营的电子商务网站，也比较适合采用这种模式。这类企业在长期的传统业务中，已建立了初具规模的营销网络和物流配送体系，在开展电子商务时，只需要加以改进和完善，就可以满足物流配送的要求。

❓【想一想】

目前国内国外的电子商务企业中，有哪些是自营物流模式呢？

二、了解物流外包模式

（一）物流外包的含义

物流外包也称为第三方物流或合同物流，是以签订合同的方式，在一定期限内将部分或全部物流活动委托给专业物流企业来完成。

（二）优势

物流通常不属于电子商务企业的核心业务，电子商务企业将物流业务外包给第三方物流企业，而把资源和精力集中在自身的核心业务上，可以获得最大的投资回报。

知识链接

电商平台的物流外包

目前很多专业的电商平台、中小规模的各类电商平台一般都采用物流外包模式；品牌商或生产制造企业的电子商务，在干线运输和仓库网点货物分拨的前端一般外包给第三方物流公司或自营，在末端配送基本上都外包给快递企业。迅速崛起的拼多多电子商务平台也采用快递外包的模式。

三、知悉自营与物流外包相结合的物流模式

（一）自营与物流外包相结合的含义

自营与物流外包相结合，是指电子商务企业将自身不擅长或成本较高的物流活动外包给第三方物流企业，自己则承担能够胜任的或成本较低的物流活动。

（二）特点

通常来讲，电子商务企业拥有自己的仓库和区域配送中心，但物流设施和物流网络不完善，所以将最后的配送环节，交由专业的物流公司来完成。这种模式既可以使企业实现资源利用的合理化和最优化，又能保证服务，充分节约成本。

四、知晓物流一体化模式

（一）物流一体化模式的含义

物流一体化模式是指以物流系统为核心，由生产企业、物流企业、销售企业和消费者组成的供应链整体化和系统化的物流模式。

（二）适用条件

它要求专业化物流管理人员和技术人员，充分利用专业化物流设施设备，发挥专业化物流运作的管理经营。它是物流产业化的发展形势，必须以第三方物流的充分发展和完善为基础。

知识链接

亚马逊的欧洲一体化物流模式

据中国电子商务研究中心获悉，亚马逊欧洲一体化物流网络由遍布欧洲七国（英、法、德、意、西、捷克、波兰）超过40个运营中心组成。得益于欧洲的地理特点和高度智能化的物流系统，亚马逊率先在欧洲启用统一配送网络，实现商品库存在整个欧洲境内的互联共享和高效调拨。这一切的"总指挥"是亚马逊智能系统。它根据商品在全欧洲的库存分布、客户收货地址、派送路径，运用强大的系统运算出最优的发货方案，并将指令发给相应的运营中心来操作。

五、了解其他物流新模式

随着电子商务模式的发展变化，电子商务物流的模式也有着新的变化。例如，平台整合物流资源模式，利用智慧物流平台，搭建智慧物流骨干网，全面整合社会资源，建设服务于电子商务平台的智慧物流体系。

走出电商物流新路子

党的二十大报告指出："我们必须坚持解放思想、实事求是、与时俱进、求真务实，一切从实际出发，着眼解决新时代改革开放和社会主义现代化建设的实际问题"。近几年，在新冠肺炎疫情的特殊形势下，外卖配送、社区街区新零售、同城邻近区域下本地生活服务类电商共同合作，普遍采用的即时配送物流服务模式可谓功不可没！

团队实训

电子商务物流模式的可行性分析：全班同学分为若干组（5～8人一组），分别选取一种电子商务物流模式结合王京华的网店业务进行优势、劣势、机会、威胁（SWOT）分析，简要阐述采用该种物流模式的理由。小组成员进行分工，然后将分析过程制作成SWOT矩阵分析表，小组代表上台演示和阐述。最后进行评分（表4-1-1）。

表4-1-1　评分表

评分内容	分数	评分
内容充实、详细	50	
态度认真，分工合作	20	
SWOT矩阵表分析全面，重点突出	20	
演讲观点鲜明，理由充分	10	
总　评		

任务二 认知电子商务物流

任务描述

在弄清楚网店的物流活动以后，王敏对哪些活动保留自营，哪些哪些活动外包，有了自己的打算。接下来，她想了解物流活动的完成需要具备哪些条件。原来的仓库只有货架，收货发货全靠人工拿着订单按单找货拣货。如若外包备货发货，网店需额外关注订单的变化和整体效率；如若自营备货发货，不能再人工按单拣货，需要哪些物流设施设备，才能达到整体高效率？带着这些问题，她开始了接下来的学习。

任务分解

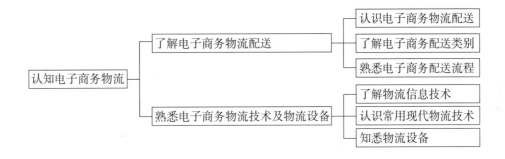

活动一 了解电子商务物流配送

电子商务环境下物流配送是怎样的呢？王京华带着问题进入了学习。

一、认识电子商务物流配送

电子商务物流配送，是信息化、现代化、社会化的物流和配送，是指配送企业采用网络化的计算机技术和现代化的硬件技术、软件系统及先进的管理手段，针对社会需求，严格地、守信用地按用户要求，按时按量地送交没有范围限制的各类用户以满足其对商品的需求。

电商物流
"最后一公里"痛点

在电子商务环境下，配送的作用主要体现在以下几个方面。

（一）是电子商务实现的基础

从接受用户网上订单到将商品及时地送到用户手中，配送是"最后一公里"的物流运输，它既是电子商务得以完成的基础，也标志着电子商务过程的结束。

（二）是电子商务企业发挥优势的关键

电商平台的优势不单单在于产品的好坏和客服水平的高低，物流配送服务已成为电子商务企业决胜对手的关键部分。为此，电商企业也纷纷着手布局物流配送网络。

（三）是改善电商物流整体运行质量和效率的重要手段

电子商务下的物流配送将分散在各地分属不同所有者的仓库，通过网络连接起来，进行统一管理和调配，辐射性地放大了服务半径，不仅实现实时监控和实时决策，而且增强了物流作业能力，减少了物流作业差错。

（四）是简化电商物流环节，降低整体物流成本的重要措施

电子商务下物流配送的核心是将物流的各项要素进行有效的整合，达到"物畅其流"的目的，加快资金的周转。

二、了解电子商务配送类别

（一）按照配送主体不同分类

1. 配送中心配送

组织者是专门从事配送业务的配送中心，规模较大，专业性强。

2. 仓库配送

仓库配送指以一般仓库为据点进行的配送，即在保持仓库原有仓储功能的前提下，增加配送功能。一般配送规模较小，专业化程度较低。

3. 商店配送

组织者是商业或物资经营网点，由于这些网点承担零售业务，配送规模一般较小，但品种齐全，且机动灵活，可承担生产企业非主要生产用物资的配送。

4. 生产企业配送

组织者是生产企业，由于生产企业配送减少了配送中转环节，因此可以节约配送时间和成本，尤其适用于那些不适合中转的商品。

？【想一想】

我们在各大电商平台进行网上购物，商家接受订单以后，采取的是以上哪一种配送方式呢？

（二）按照配送品种和数量不同分类

1. 单品种大批量配送

由于配送品种少、数量多，配送的组织计划等工作相对简单，对配送设施及车辆的要求也较低，因此配送成本较低。

2. 多品种少批量配送

由于配送品种多，要凑整装车，对配送的组织和计划水平要求较高，因此相应配送成本也较高。

3. 成套配送

这种配送方式下，配送企业需要将生产企业所需的全部零配件配齐，向用户实施成套配送。

（三）按照配送时间和数量不同分类

1. 定时配送

按照规定的时间间隔进行配送服务，比如数天或数月配送一次。

2. 定量配送

在一个指定的时间范围内按照规定的数量配送，比如每次配送数吨或数件。

3. 定时定量配送

按照规定的时间和数量进行配送，比如每个月配送数吨或数件。

4. 即时配送

按照用户要求的时间和数量进行配送。

？【想一想】

生活中的外卖配送，是以上哪一种配送方式呢？你能据此举例说明吗？

三、熟悉电子商务配送流程

配送的一般流程如图4-2-1所示。

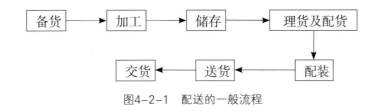

图4-2-1　配送的一般流程

（一）备货

备货是配送的基础工作，包括筹措货源、订货、集货，以及有关的质检及结算等工作。备货是决定配送成败的初期工作，如果备货成本太高，会大大降低配送的效益。

（二）加工

通过配送加工往往可以显著提高用户的满意度，从而增强配送企业的竞争力，但并不是所有的配送业务都有加工环节，因此配送加工不具有普遍性。

（三）储存

配送中的储存通常有储备和暂存两种形态，储备是对配送的资源保证，暂存是按分拣配货要求，在理货场地的短暂准备。

（四）理货及配货

理货及配货是配送不同于其他物流功能的特殊环节，是完善送货、支持送货的准备工作，是影响送货服务水平的重要因素，因此也是配送成败的关键环节。

（五）配装

为提高运送效率，在单个用户配送数量不能达到车辆有效负载时，就需要对各个用户的货物进行集中配装。通过配装送货可以大大提高送货水平，降低送货成本。

（六）送货

配送中的送货是物流运输中的末端运输、支线运输，面临配送用户多、线路复杂的情况，如何组织最佳送货路线，是送货中难度较大的工作。

（七）交货

送货并不是配送工作的完结，还需要顺利与用户交接货品，包括货物移交、办理手续并完成结算等工作。

活动二　熟悉电子商务物流技术及物流设备

党的二十大报告指出："实施产业基础再造工程和重大技术装备攻关工程，支持专精特新企业发展，推动制造业高端化、智能化、绿色化发展"。随着新时代经济的发展和人民对美好生活的向往，现代物流技术及物流设备的升级发展也在与时俱进。要充分发挥物流配送在电子商务中的作用，没有现代物流技术及物流设备是难以达到的，王京华还需要了解在电子商务领域普遍应用的现代物流技术及设备。

知识链接

物流业务能力和管理水平发展新高度

科学技术的突破和发展极大改变和加快了很多产业升级发展的进程。近些年，物联网、人工智能、大数据、实时定位监控、5G等技术加速发展，给物流行业的运营和发展带来诸多改变。在城市物流业务领域，也有很多相关公司运用这些先进的技术，把业务能力和运营水平提高到了一个新的高度。尤其是物流管理平台，都大规模应用了大数据分析、实时监控等最新的技术，以应对海量的业务，给客户和终端消费者创造价值。

一、了解物流信息技术

在电子商务时代，每一笔商业交易背后都伴随着物流、信息流，供应链上的贸易伙伴都需要这些信息以便对产品进行发送、跟踪、分拣、接收、存储、提货以及包装等。如今，物流与信息流的相互配合体现得越来越重要，在电子商务的运营管理中，必然要用到越来越多的物流信息和现代物流技术。

（一）物流信息的含义

物流信息是指与物流活动有关的信息，是反映物流各种活动内容、形式和发展变化情况的知识、资料、消息、情报、数据、图形、文件、语言、声音等。

（二）物流技术的含义

物流技术是指与物流活动有关的所有专业技术的总称，可以包括各种操作方法、管理技能等，如信息技术、物品标识技术、包装技术等。此外，还包括物流规划、物流评级、物流设计、物流策略等。

（三）物流信息技术的含义

物流信息技术主要由通信、软件、面向行业的业务管理系统三大部分组成。

物流信息技术包括条形码技术、射频识别（RFID）技术、电子数据交换技术、全球定位系统（GPS）、地理信息系统（GIS）、计算机网络技术、自动化仓库管理技术、智能标签技术及基于各种通信方式的移动通信手段等。

二、认识常用现代物流技术

（一）条形码技术

1. 含义

条形码技术是在计算机的应用实践中产生和发展起来的一种自动识别技术。它包括条形码的编码技术、条形符号设计技术、快速识别技术和计算机管理技术，是实现计算机管理和电子数据交换的基础。

2. 作用

它是为实现对信息的自动扫描而设计的。它是实现快速、准确而可靠地采集数据的有效手段，在当今电商、物流以及其他领域应用都极为广泛。借助条形码技术，企业不仅可实现对产品生产数据和生产质量检查数据的采集，实现对生产过程的监控，以提高生产效率；同时，产品条码和产品档案的链接，使得企业可以及时了解仓库和在途产品的数量、位置等具体情况，实现对产品从采购到最后消费者手中的全程可视化管理。

? 【做一做】 　　　尝试用手机去扫一扫日常商品的条形码，看看有什么发现？

物流条形码直接为出入库、运输、保管和分拣等物流作业管理服务，以集合包装商品为单位使用条形码。商品条形码直接为商品销售和商品管理服务，以个体包装商品为对象。

（二）射频识别技术

1. 含义

射频识别又称电子标签、无线射频识别、感应式电子晶片、近接卡、感应卡、非接触卡、电子条码等。射频识别技术是一种非接触式的自动识别技术，它通过射频信号自动识别目标对象并获取相关数据，识别工作无须人工干预，可工作于各种恶劣环境。

2. 作用

射频识别技术的标签具有体积小、容量大、寿命长、穿透力强、可重复使用、支持快速读写、可定位和长期追踪物品等特点。射频识别技术在食品安全、质量管理、制造业供应链管理、智能交通等方面有着极大的应用潜力。

该技术通过在目标物上植入芯片，并将芯片信号与目标物信息相连接，对远距离移动、静止的目标进行非接触式信息采集处理，实现对各类物体、设备、车辆和人员在不同状态（移动、静止）下的自动识别，从而实现目标的自动化管理。

知识链接

你知道RFID标签与传统条形码标签的区别吗？（表4-2-1）

表4-2-1　RFID标签与传统条形码标签的区别

标签类型	传统条形码标签	RFID标签
读取效率	低，只能单枚读取，需拆装箱	高，可同时读取200枚RFID标签，无须拆装箱
记录内容	信息量少，仅有30个字符左右，只能记录必要的信息，记录信息无法改变	信息量多（具体视芯片类型而定）可记录物品的全部信息，可更改记录内容
标签成本	低	稍高
读取距离	近	较远
使用寿命	表面损坏后，无法被识别	经过封装，使用寿命长
其他	容易被仿造条形码被遮挡后，无法被读取	数据保密，安全性高RFID标签被遮挡，基本不会影响读取

（三）电子数据交换技术

1. 含义

简单来说，电子数据交换技术是通过电子方式，采用标准化的格式，利用计算机网络进行结构化数据的传输和交换的一种信息技术。

电子数据交换技术是通过计算机网络信息系统，使用一种国际公认的标准格式，实现供应链上企业的即时数据交流，能够以低成本、高效率来实现企业与企业、企业与其他组织之间的信息交换。

2. 作用

采用电子数据交换技术后，纸质文件和表格，均由计算机自动完成，不仅处理和传递速度快，还不易出错，便于反复处理，大大节省了时间和成本。由于信息在传输过程中无须人工干预，数据传输的准确性也很高，有利于企业快速准确地捕捉市场信息，对客户做出快速响应，提高客户服务水平，增强企业的市场竞争能力。

知识链接

利用电子数据交换技术一次输入的数据可以使用到最后！

订货人输入的订货信息利用电子数据交换技术传送给供货人（送货人），后者把订货信息加工成出库信息，作为委托运输信息发送给运输业者，在这个信息的基础上，运输业者将运输完成信息和费用结算请求信息传送给发货人。在这个作业过程中，数据一旦输入系统不需要二次输入，商流信息的数据可以直接进入物流信息数据库。

（四）全球定位系统和地理信息系统

1. 全球定位系统和地理信息系统的含义

全球定位系统，是利用通信卫星、地面控制部分和信号接收机对地球上的对象进行时间和距离的测量，对地球上任何地方的对象，都能计算出准确的方位，从而进行动态定位的系统。

地理信息系统，是以地理空间数据库为基础，采用地理模型分析方法，在计算机软硬件的支持下，对空间相关数据进行采集、管理、操作、分析、模拟和显示，适时提供多种空间和动态的地理信息，为研究和决策服务而建立起来的计算机技术系统。

2. 全球定位系统和地理信息系统的作用

全球定位系统和地理信息系统在早期物流领域中主要有两个作用。

（1）实时监控及管理

在一般情况下，监控系统对其配送车辆可实现实时巡回监视。对此，全球定位系统非常适用于车辆监控，在配送过程中，工作人员便可实时掌握可调配的车辆在哪里，并通知车辆进行配送。

（2）路线规划和导航调度

全球定位系统可以根据路况、订单目的地等信息自动调整车辆行驶路线，使得顾客需求达到最快最优的满足。与此同时，驾驶者轻松获得最佳运输路线，有效降低物流运输成本，同时也有助于提高调度中心的工作效率。

全球定位系统和地理信息系统现在的应用，主要是借助于物流信息系统，建立车辆与配送货物的联系，实现配送货物的实时追踪与可视化管理；借助于物联网应用技术和车联网信息系统平台，实现智能配货、在线调度、可视化管理、物品监控、配送线路优化。

三、知悉物流设备

物流设备是物流系统中的物质基础。物流设备的不断更新升级促进了物流业的快速发展。反过来，物流业的发展与进步又对物流设备提出了更高的要求。

近年来，物流设备日益智能化，新技术下的物流设备不断涌现，如自动导引车（AGV）、智能仓储机器人、无人配送小车、终端智能货柜等，极大提高了物流运作效率和服务水平。

（一）物流设备的含义

物流设备是企业在进行物流作业、实现物流功能过程中所使用的各种工具、机械设备等物质资料的总称。它不包括建筑物、装卸站台等物流基础设备。

（二）物流设备的发展

随着国民经济全面转型升级和互联网、物联网的迅速发展，以及基础设施的进一步完善，电子商务实现迅猛发展，与之对应的电商物流需求也持续增长，这对物流设备的发展提出了更高要求。

1. 自动化和智能化

自动化是智能化的前提。在物流高质量发展的过程中，只是提供简单的机械化或者自动化的装备已经不能满足物流的需求，现在对物流装备的要求是首先实现自动化从而实现智能化，即自动化装备向智能化装备转型，或者由智能化取代自动化，如人工智能技术、机器人在物流行业的应用等。

2. 成套化和系统化

只有当组成物流系统的设备成套、匹配时，物流系统才是最有效、最经济的。比如，在某一个物流环节提供某种模式的装备，而在另一个物流环节又提供另一种模式的装备，彼此之间没有形成系统，很难实现现代物流的高效、协同。这就要求物流装备不能各自为战，一定要有彼此之间的协同，小到托盘，大到仓库的物流设施以及运输设备等，一定要实现系统化。

3. 标准化和柔性化

在物流系统性变革中，标准化是重要方向。托盘、货架要有标准，货运车辆要有标准，供应链的发展过程也要实现标准化。当然，在未来的高质量发展中，物流设备既要有标准，也要有柔性，二者并不矛盾。例如，青岛有一个生产西服的服装企业基于柔性化的目标做标准化的事情，把生产一件西服的工序做成108个标准工序，但是很多个工序之间又可以实现定制化，互相并不矛盾。

4．绿色化

采用创新技术或方法使物流设备在生产、使用过程中提高效率，并实现节能降耗，减少对环境的污染。从阿里巴巴发布绿色物流2020计划到苏宁冷链循环箱、一撕得环保纸箱这些都是我们身边越来越常见的绿色物流的普及。

废弃物流

（三）物流设备的分类

物流设备最常见的分类，一般是按设备所完成的物流作业来划分，把物流机械设备分为包装设备、装卸搬运设备、运输设备、仓储机械设备、流通加工设备，以及集装单元化设备等。

快递包装

1．包装设备

包装设备是指完成全部或部分包装过程的机械设备。包装设备按功能分类，可以分为充填设备、杀菌设备、清洗设备、干燥设备、罐装设备、裹包设备、封口设备、捆扎设备等。现在的物流包装正逐步从纯手工向半自动，甚至全自动方向演变。

2．装卸搬运设备

装卸搬运设备是搬移、升降、装卸和短距离输送物料的机械，是物流系统中使用频率最高、数量最多的一类机械设备。

装卸搬运设备机械种类很多，按照装卸搬运作业性质分类，可以分为专门装卸机械，如手动葫芦、固定式起重机等；专门搬运机械，如搬运车、带式输送机（图4-2-2）等；装卸搬运机械，如叉车、自动导引车、龙门起重机、气力装卸输送机等共三类。

图4-2-2　带式输送机

3．运输设备

与搬运设备的不同在于，运输设备是实现物品在不同地域之间较大范围活动的机械设备。按照适用运输方式的不同，运输设备可以分为载货汽车、铁道货车、货船、货运飞机、无人机等。

4. 仓储机械设备

仓储机械设备是仓库进行生产和辅助生产作业以及保证仓库及作业安全所必需的各种机械 设备的总称。

仓储机械设备主要包括仓库及其相关的配套设备，如货架系统、巷道堆垛机、分拣设备、出入库输送机系统等。

5. 流通加工设备

流通加工设备是完成流通加工活动，如包装、分拣、分割、计量、刷标志、组装等简单加工活动所使用的机械设备。

流通加工设备的类别很多，根据流通加工对象的不同，流通加工设备可分为金属加工设备、木材加工设备、搅拌混合设备、其他流通加工设备等。

6. 集装单元化设备

集装单元化是指将许多单件物品按尺寸规格相同、质量相近的原则组合成标准化的组合体。

集装单元化设备是指用集装单元化的形式进行储存、运输作业的物流装备，主要包括托盘、集装箱、集装网袋等。

集装单元化的主要特点是集小为大，而这种集小为大是按标准化、通用化的要求进行的，它使中小件散杂货以一定的规模进入市场、进入流通领域，形成规模优势。

经过本活动的了解和学习，王敏对开展物流活动采用的设施设备和信息技术大为赞叹，原来普通的分拣、包装、配送等活动涉及到如此多的物流信息技术的支持，这些学习不仅让她开阔了视野，更是让她对未来电子商务的发展充满信心。

▍ 项目总结

在系统学习电子商务物流模块的知识以后，王敏彻底弄清楚了网店的物流业务，她实习的电商部经过讨论，决定选择"自营+外包"的物流模式，根据商品类目和网店的业务，适时调整物流方案，采用适合自己业务的物流信息技术，增强新冠肺炎疫情风险下店铺的应变能力，提高网店的灵活性。然而，新物流模式下业务参与者增加，网店的资金压力和交易风险也增大，涉及到资金安全和电子支付又成为王敏新的学习重点。

▍ 思政园地

美国展会上的"中国力量"

2022年7月14日，在美国辛辛那提举行的Package Fulfillment,Logistics & Delivery EXPO展会正式开幕，各类与供应链和物流相关的技术方案得到全面展示。此次展会现场，来自中国北京的灵动科技携全球领先的第四代移动视觉机器人，以及当下最前沿的灵动模式解决方案盛装亮相。

凭借前瞻性的视觉导航AMR产品、全球领先的集群调度系统和全球化的销售、服务和运营能力，灵动科技在此次美国展会中再度成为各方关注的焦点，不仅向当地客户、合作伙伴展现了灵动科技在物流领域取得的突破性技术，也彰显出中国物流机器人企业的技术能力与创新力量。

实战训练

一、单选题

1. 电子商务物流是指在电子商务交易活动中，为实现商品流通转移而进行的接收、存储、包装、搬运、（　　）等实务处理与流动过程。

A. 录入　　　　　　B. 整理　　　　　　C. 分类　　　　　　D. 配送

2. （　　）是反映物流各种活动内容的知识、资料、图像、数据和文件的总称。

A. 物流信息　　　　B. 存储　　　　　　C. 流通加工　　　　D. 包装

3. 我国电商企业中，自营物流模式最典型的代表是（　　）。

A. 京东　　　　　　B. 天猫　　　　　　C. 淘宝网　　　　　D. 亚马逊

4. （　　）被称为合同物流，以签订合同的方式，在一定期限内将部分或全部物流活动委托给专业物流企业来完成。

A. 自营物流　　　　B. 第三方物流　　　C. 承包物流　　　　D. 物流一体化

5. 完全按照用户要求的时间和数量进行配送，指的是（　　）。

A. 定时配送　　　　B. 定量配送　　　　C. 定时定量　　　　D. 即时配送

二、多选题

1. 电子商务逆向物流包括（　　）。

A. 送货　　　　　　B. 缺货和补货　　　C. 回收　　　　　　D. 退货

2. 电子商务企业的物流模式主要有（　　）。

A. 自营物流模式　　　　　　　　　　　B. 物流外包模式

C. 自营加外包的物流模式　　　　　　　D. 物流一体化模式

3. 常用的现代物流技术有（　　）。

A. 条形码技术　　B. 电子数据交换技术　C. RFID技术　　　D. GPS/GIS技术

4. 以下属于常用的集装单元化设备的是（　　）。

A. 叉车　　　　　　B. 托盘　　　　　　C. 集装箱　　　　　D. 集装网袋

5. 物流信息技术主要由（　　）构成。

A. 通信　　　　　　B. 软件　　　　　　C. 业务管理系统　　D. 硬件

三、判断题

1. 电子商务配送的一般流程为：备货→加工→储存→理货及配货→配装→送货→交货。（　　）

2. 自营物流模式适合资金实力比较弱，而且业务规模较小的电子商务企业。（　　）

3. 条形码技术是在计算机的应用实践中产生和发展起来的一种自动识别技术。（　　）

4. 物流设备不仅包括物流过程和作业中的各种工具和机械设备，还包括建筑物和装卸站台等物流基础设备。（　　）

5. 集装单元化的主要特点是集小为大，按一定要求将中小件散杂货组成规模进入流通领域。（　　）

四、案例分析题

京东商城是中国最大的综合网络零售商之一，是中国电子商务领域非常受消费者欢迎、非常有影响力的电子商务网站之一。京东商城在线销售家电、计算机、家居百货、服装服饰、母婴用品、图书、食品等数万个品牌百万种优质商品。2018年京东"双十一"当天，下单金额超258亿元，超过1万亿件商品快速送到消费者手中。

京东能够如此发展，走出一条规模效益的可持续增长和盈利的电商之路，可以说自建物流功不可没。目前京东有两套物流配送体系，一套是自建的物流体系，另一套是和第三方合作的物流体系。2009年年初京东商城巨资成立自己的物流公司，开始分别在北京、上海、广州、成都、武汉设立了自己的一级物流中心，随后在沈阳、济南、西安、南京、杭州、福州、佛山、深圳8个城市，建立了二级物流中心。京东商城在自营配送到达不了和订单量相对较少的区域内，选择与专业的快递公司合作，这样不仅减少了物流成本的支出，还让京东商城回归自己的核心业务，专注于自身的业务发展。

2010年京东商城正式推出了"211限时送达"服务。在2018年"双十一"大促期间，仓配一体化服务订单超过90%实现了当日达和次日达。如此引人注目的物流成绩，跟京东在物流和科技领域的持续巨额投入密切相关。多年来，京东不仅重金自建仓储，购买设备，同时向物流自动化、人工智能发展。截至2018年京东有超过1200万平方米的仓储，京东物流"亚洲一号"达到16座，内部配备货到人系统、自动存取系统（AS/RS）、交叉带分拣机系统、AGV系统、阁楼货架系统、输送系统等先进的物流设备，投用了全国规模最大的机器人仓群。在无人机与配送机器人方面，京东无人机已经在全国8省市县常态化运营，配送机器人则落地全国20多个城市。

电子商务物流配送运作的体系分为信息流、资金流、商流三个流向。

消费者通过平台进行订单输入，信息流（购买订单信息）通过网络由京东商城提供给供应商，供应商接到订单以后安排备货、出货。一部分商品由京东物流自主配送，一部分商品通过外部的第三方物流进行配送。当商品出库配送以后，出库信息、配送信息、到货信息等信息流会通过物流信息平台提供给消费者。消费者在最初的下单环节，会通过支付平台将款项预支付给中间支付服务商，等到商品的整个物流配送完成以后，中间支付服务商将消费者预支付的款项转给供应商。

请结合案例，思考以下问题。

1. 京东商城的物流模式是哪一种？这种模式的优势有哪些？

2. 请列举案例中提到的京东物流所采用的物流设备。

项目5 体验电子支付

项目概述

随着我国经济的飞速发展，国内电子商务也进入了一个高速发展的阶段，网络购物以其价廉和便捷吸引了越来越多的目光。

王敏在某公司的电商部实习，对电子商务的相关知识也有了更深入的了解，她意识到，在电子商务的活动中，除了她已经在工作中接触到的电子商务网络技术、网络安全、电子商务模式、电子商务物流等，还有一个很重要的方面，那就是电子支付。电子支付是整个线上买卖活动的重要保障。那么，电子支付究竟有哪些方式，支付系统和操作方式又是什么样的呢？作为一个电子商务行业的实习生，这些也是需要学习和掌握的。

认知目标

1. 了解电子商务支付系统。
2. 知悉电子支付方式。
3. 认识第三方支付、网上银行等。

技能目标

1. 掌握电子支付的流程。
2. 熟练进行电子支付操作。

素养目标

1. 培养电子支付操作的能力。
2. 培养独立学习的能力。
3. 培养认真严谨的科学态度。

任务描述

　　小明同学在学长的帮助下，知道了很多同学都是通过网上购物寄礼物给家人的，于是就决定先去了解一下网上购物，去认识什么是电子支付、有哪些支付方式、电子支付系统安全吗等问题。带着这些疑问，带着让父母很快能收到礼物的快乐心情，小明同学开始了自己的学习之路。

任务分解

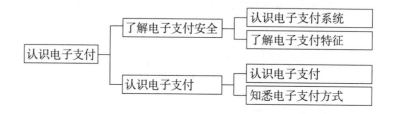

活动一　了解电子支付安全

　　现阶段，电子支付以其便捷性的特征吸引了很多用户。从网络购物、海外代购、网上转账、还贷、缴费、买保险，到网上订机票、订酒店，电子支付已渗透到人们生活的方方面面。电子支付系统的安全隐患亦是让人们备感头疼，个人信息安全问题更是人们关心的重中之重。

电子支付安全

一、认识电子支付系统

　　电子支付既给消费者带来了便利，也为银行业带来了新的机遇，同时也对相关主体提出了挑战。现阶段电子支付系统的种类主要有以下几种。

　　（一）电子现金支付系统

　　电子现金支付系统在使用上与传统纸质现金相似，比较方便，易于被接受。支付过程不必每次都经过银行网络，成本低，适合小额支付。人们可以匿名使用电子现金支付系统，使用过程具有不可追踪性。电子现金支付系统充分利用了数字签名技术保证安全，防止伪造、抵赖，安全性较高。

　　（二）电子支票支付系统

　　电子支票支付系统就是在互联网平台上利用电子支票完成商务活动中的资金支付与结算。与传统支票支付类似，用户比较熟悉，易于被接受，广泛应用于B2B结算。电子支票具有可追踪性，所以当使用者支票遗失或被冒用时可以停止付款并取消交易，风险较低。电子支票支付系统通过应用数字证书、数字签名及各种加密/解谜技术，提供比传统纸质支票中使用印章和手写签名更加安全可靠的防欺诈手段。

　　（三）信用卡支付系统

　　信用卡支付系统流程简单，架构简单，认证过程比较简便，处理速度快，费用较低。信用卡支付系统使用方便，付款人只需在选购商品后输入卡号、有效期、姓名等资料就可以完成付款。

电子支付系统作为电子货币与交易信息传输的系统，既涉及国家金融和个人的经济利益，又涉及交易秘密的安全，因此有效防范电子支付过程中的风险是电子支付健康发展的关键。电子支付的安全是提高电子支付交易额的基本保证，同时也是提高国民经济发展的重要手段。

二、了解电子支付特征

随着经济的快速发展，人们已经习惯于使用各种电子支付，电子支付的具体特征如下。

（一）电子支付是一种合同履行方式

向债权人给付金钱的行为是合同履行的重要组成部分，而支付金钱的方式有多种，电子支付就是一种，它是电子技术发展的产物。

（二）电子支付是金融服务的一种新形式

电子支付是银行信用中介功能的金融电子化表现，为网上交易的客户提供的电子结算手段。

（三）电子支付具有技术性

电子支付采用先进的技术通过电子数据流转来完成信息传输，各种支付方式都是采用数字化的方式进行金钱支付的。

◉ 活动二　认识电子支付

电子支付是指单位、个人直接或授权他人通过电子终端发出支付指令，实现货币支付与资金转移的行为。

一、认识电子支付

所谓电子支付，是指从事电子商务交易的当事人，包括消费者、厂商和金融机构，通过信息网络，使用安全的信息传输手段，采用数字化方式进行的货币支付或资金流转。电子支付采用先进的技术通过数字流转来完成信息传输，其各种支付方式都是采用数字化的方式进行款项支付或资金流转的。

二、知悉电子支付方式

从目前我国电子商务发展环境来看，支付方式主要包括线下支付和电子支付两种。线下支付就是通过传统的银行汇款或者货到付款；电子支付以互联网为基础，适用不同的交易过程，电子支付的方式可分为以下几类。

（一）电子货币类

电子货币类支付方式常见的有电子现金和电子钱包。电子现金又称为电子货币或数字货币，是一种以数据形式流通的货币，通过把用户银行账户中的资金转换成为一系列的加密序列数，通过这些序列数来表示现实中各种金额的币值。用户在开展电子现金业务的银行开设账户并在账户内存钱后，就可以在互联网上接受电子现金的商店购物了。电子现金主要包括三个主体——商家、用户、银行；四个安全协议——初始化协议、提款协议、支付协议、存款协议。

电子钱包是一个可以由持卡人用来进行安全电子交易和储存交易记录的软件，是在小额购物或购买小商品时常用的新式钱包。电子钱包内可以存放电子货币，如电子现金、电子零钱、电子信用卡等。使用电子钱包购物，通常需要在电子钱包服务系统中进行。目前世界上有两大电子钱包服务系统（VISA cash和Mondex）。

（二）电子信用卡类

如智能卡、借记卡、电话卡等。

（三）电子支票类

如电子支票、电子汇款（EFT）、电子划款等。

（四）第三方支付平台

如支付宝、微信等。

（五）移动支付

如银联云闪付。

▍▍▍ 团队实训

实训一：分析三种电子支付系统的优缺点。

全班同学分成若干组（5~8人为一组），各组自选组长，组长对本组成员进行分工完成表5-1-1。

表5-1-1　三种电子支付系统的优缺点

名称	优点	缺点
电子现金支付系统		
电子支票支付系统		
信用卡支付系统		

各小组根据完成情况，制作简单的PPT并分享，各组选派一人为其他组评分，评分表如表5-1-2所示。

表5-1-2　评分表

考评项目	分值	评分
内容充实、详细	50	
态度认真，分工合理	20	
PPT制作图文结合，重点突出	20	
演讲表述清晰、流利	10	
总　评		

实训二：列举生活中常见的电子支付方式。

全班同学分成若干组（5~8人为一组），各组自选组长，组长对本组成员进行分工完成表5-1-3。

表5-1-3 生活中常见的电子支付方式

名称	常见实例
电子货币类	
电子信用卡类	
电子支票类	
第三方支付平台	
移动支付	

各小组根据完成情况，制作简单的PPT并分享，各组选派一人为其他组评分，评分表如表5-1-4所示。

表5-1-4 评分表

考评项目	分值	评分
内容充实、详细	50	
态度认真，分工合理	20	
PPT制作图文结合，重点突出	20	
演讲表述清晰、流利	10	
总 评		

任务描述

通过前面的学习，小明同学了解了什么是电子支付，知道了电子支付的安全性和支付方式，同时通过与网上银行进行比较，对电子支付的认识更进一步。于是他要求他的学长带他去尝试一下不同的支付方式，他首先选择了申请网上银行，同时也开通了支付宝，并体验了各种快捷支付，从而选择了一个更快、更便捷的方式完成本次购物，并把礼物邮寄给了父亲。

任务分解

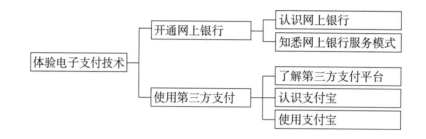

🔘 活动一　开通网上银行

一、认识网上银行

网上银行（或称网络银行、在线银行、电子银行、虚拟银行等），是指银行利用计算机技术和互联网技术，通过互联网或其他公用电信网络与客户建立信息联系，并向客户提供开户、转账、信贷等金融服务的无形或虚拟银行。

网上银行的发展模式有两种：建立在互联网上的虚拟银行和在传统银行基础上将业务拓展到网上。

（一）网上银行的特点

网上银行能给银行和用户以及商户带来诸多好处。网上银行可减少固定网点数量、降低经营成本；用户可不受营业网点及时空限制，办理业务更加方便、快捷、高效；客户端由计算机、浏览器组成，便于维护，提供很多传统银行不能提供的金融服务项目；网上电子邮件通信便于用户银行及银行内部沟通联系。

网上银行

与传统银行相比，网上银行具有如下特点。

1. 开放性与虚拟化

Web服务器代替传统银行建筑物，网址取代地址，其分行是终端机和互联网虚拟电子空间。

2. 无分支机构

利用互联网即可将金融业务和市场延伸到全球。

3. 智能化

网上银行主要借助计算机实现智能化操作，人工干预少，提供的金融服务更多更快。

4. 创新化

网上银行能提供传统银行没有的业务。网上银行必须不断创新技术、产品来适应市场的变化。

（二）网上银行的服务内容与范围

网上银行服务一般分为基本网上银行服务、个人网上银行服务、企业网上银行服务和信息发布等。

1. 基本网上银行服务

基本网上银行服务包括银行广告、宣传、业务种类特点、操作规程、最新通知、年报、在线查询、交易等信息，对网上的所有访问者开放。

2. 个人网上银行服务

个人网上银行服务提供全方位、个性化的服务，包括个人信息修改、业务查询服务、个人贷款业务、电子商务（B2C和C2C在线支付）、投资理财服务、信息服务、网上申请服务、自助缴费服务、转账汇款服务等。

3. 企业网上银行服务

企业网上银行服务分为集团客户及一般客户。企业网上银行服务包括：收款业务、贷款业务（自助贷款业务和委托贷款）、企业信用管理、付款业务、账户管理、集团理财、投资理财、信用证及汇款业务的汇入、汇款信息查询业务及其他服务。

4. 信息发布

信息发布包括国际市场外汇行情、兑换利率、储蓄率、汇率、国际金融信息、证券行情、银行信息等。

二、知悉网上银行服务模式

网上银行的申请有两个服务模式：一种面向企业，另一种面向个人。

（一）个人网上银行服务申请流程（以中国银行网上银行服务申请业务为例）

第一步，填写"个人客户网上银行服务申请表"，要特别注意准确填写电子邮件地址。

第二步，收取中国银行通知的电子邮件。

第三步，持身份证件到中国银行营业点办理长城电子借记卡。

第四步，填写《中国银行电子银行服务协议书》，申请开通电子银行服务。

第五步，中国银行柜台业务人员审核相关资料。

第六步，审核资料无误后在柜台开通电子银行服务签发电子证书，设置好浏览器安全属性。

第七步，进入中国银行网站登录个人网上银行选择开户地点即可开始使用个人网上银行服务。

（二）企业网上银行业务申请流程（以招商银行企业网上银行的申请业务为例）

第一步，开立账户。携带公司的相关证件、印章到就近招商银行网点办理开户手续。

第二步，填写申请表。客户到招商银行领取或从网上下载申请表，填写好后盖章交开户行。

第三步，银行审核。银行审核用户的身份及检查申请表。

第四步，客户服务中心维护。服务中心为企业开户，分发系统管理密码及IC卡密码信封等。

第五步，客户领取开户资料、数字证书卡及其读写器驱动程序。

第六步，下载安装程序。数字证书卡用户安装读写器及驱动程序，从网银下载安装企业银行程序。

第七步，进行系统设置。使用局域网代理服务器的用户可能需要进行通信参数的设置。

第八步，处理业务。根据企业需要进行银行相关业务处理。

知识链接

网络强国

坚持把发展经济的着力点放在实体经济上，推进新型工业化，加快建设制造强国、质量强国、航天强国、交通强国、网络强国、数字中国。实施产业基础再造工程和重大技术装备攻关工程，支持专精特新企业发展，推动制造业高端化、智能化、绿色化发展。巩固优势产业领先地位，在关系安全发展的领域加快补齐短板，提升战略性资源供应保障能力。推动战略性新兴产业融合集群发展，构建新一代信息技术、人工智能、生物技术、新能源、新材料、高端装备、绿色环保等一批新的增长引擎。

◖▮◗ 活动二　使用第三方支付

一、了解第三方支付平台

第三方支付平台是指在电子商务企业与银行之间建立的支付平台，并且已经和国内外各大银行签约，并具备一定实力和信誉保障的第三方独立机构提供的网络支付模式。第三方支付平台为商家开展B2B、B2C交易等电子商务服务和其他增值服务提供完善的支持。

第三方支付平台可以有效地保障消费者购买的货物质量、交易诚信、退换要求等环节，并在整个交易过程中对交易双方进行约束和监督；消除人们对网络购物和交易的顾虑，让越来越多的人相信和放心使用网络的交易功能，推动电子商务的快速发展。

下面以支付宝为例讲述如何使用第三方支付平台进行支付。

注册支付宝

二、认识支付宝

支付宝是国内领先的第三方支付平台，致力于提供"简单、安全、快速"的支付解决方案。

支付宝提供支付及各种服务，如网购担保交易、网络支付、转账、信用卡还款、手机充值、水电煤缴费、个人理财等。支付宝进入移动支付领域后，为零售百货、电影院线、连锁商超和出租车等多个行业提供服务，还推出了余额宝、蚂蚁信用、花呗等理财服务。

三、使用支付宝

第一步：注册（一般选择电子邮箱名作为用户名）。支付宝注册界面如图5-2-1所示。

第二步：登录支付宝（可以通过计算机端，也可以通过手机端）。支付宝登录界面如图5-2-2所示。

图5-2-1　支付宝注册界面

图5-2-2　支付宝登录界面

快捷支付

第三步：挑选商品（打开淘宝网，找到心仪的商品，单击"立即购买"，接着会收到核对订货的信息，确认后这笔货款就在支付宝账户里，等到买家"确认收货"后，货款才会转到卖家账户里）。挑选商品加入购物车界面如图5-2-3所示。

第四步：付款。支付宝提供了五种支付方式：花呗支付、信用卡支付、银行卡支付、余额宝支付、余额支付（提前通过银行卡转账到余额）。付款界面如图5-2-4所示。

第五步：确认收货。客户在收到货确认无误后，单击"确认收货"，就等于通知支付宝把货款转给卖家。

图5-2-3　挑选商品加入购物车

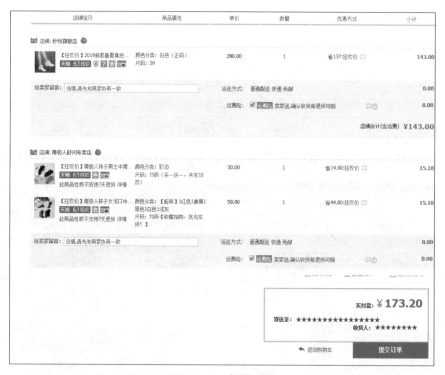

图5-2-4　付款界面

知识链接

支付宝提升服务

2018年8月，支付宝与淘宝合作推出拼团功能；8月29日，支付宝公司法人发生变更，由马云变更为叶郁青；9月7日，支付宝的"养老"专区上线，为用户提供认购、查询、投教等一站式养老投资服务；9月25日，支付宝与高德地图达成深度合作。2019年3月26日起，通过支付宝给信用卡还款将收取服务费。

实训一：列举出常见的银行及其官网。

全班同学分成若干组（5~8人为一组），各组自选组长，组长对本组成员进行分工完成表5-2-1。

表5-2-1　常见银行及其官网网址

常见银行	官网网址

各小组根据完成情况，制作简单的PPT并分享，其他各组选派一人为其他组评分，评分表如表5-2-2所示。

表5-2-2　评分表

考评项目	分值	评分
内容充实、详细	50	
态度认真，分工合理	20	
PPT制作图文结合，重点突出	20	
演讲表述清晰、流利	10	
总　评		

实训二：列举出常见的第三方支付平台并指出支付方式。

全班同学分成若干组（5~8人为一组），各组自选组长，组长对本组成员进行分工完成表5-2-3。

表5-2-3　第三方支付平台及支付方式

第三方支付平台	支付方式

各小组根据完成情况，制作简单的PPT并分享，其他各组选派一人为其他组评分，评分表如表5-2-4所示。

表5-2-4　评分表

考评项目	分值	评分
内容充实、详细	50	
态度认真，分工合理	20	
PPT制作图文结合，重点突出	20	
演讲表述清晰、流利	10	
总　评		

项目总结

通过本项目的学习，小明认识了电子支付系统及其特征，了解了电子支付的几种类型，并且学会了使用网上银行以及第三方支付。小明父母来电话说礼物已收到，他们十分喜欢，小明也对第一次网购体验十分满意。

小明在学习使用第三方支付时还发现，除了支付宝、微信支付，很多电子商务平台都开发了各自的支付系统，不仅操作便捷，还有各种形式的优惠活动，小明决定利用课余时间对这些支付系统好好研究一番。

思政园地

诚信经营行业自律承诺

今年3月10日，京东商城、苏宁易购等近30家网络零售企业在京共同签署《电商企业诚信经营倡议书》（以下简称《倡议书》），向社会做出诚信经营的承诺。

在3月9日北京电子商务协会主办的"以更优质服务构建网络消费安全环境——2016电商服务论坛"论坛上，主办方联手京东商城、小米科技、苏宁易购、亚马逊（中国）等近30家网络零售企业共同签署《倡议书》，旨在提升网络零售企业诚信规范经营自律意识，树立诚信电子商务企业形象，电商企业从服务管理、质量保障、产品宣传、投诉处理、应急保障和诚信经营等方面向社会做出行业自律承诺。

实战训练

一、单选题

1. （　　）是指单位、个人直接或授权他人通过电子终端发出支付指令，实现货币支付与资金转移的行为。

A. 电子支付　　　B. 现金支付　　　　C. 电子货币　　　　D. 电子债券

2. （　　）是国内领先的第三方支付平台。

A. 微信　　　　　B. 支付宝　　　　　C. 翼支付　　　　　D. 网上银行

3. 网上银行服务一般分为基本网上银行服务、个人网上银行服务、企业网上银行服务和（　　）等。

A. 信息发布　　　B. 信息传播　　　　C. 信息收集　　　　D. 信息扩散

4. 电子现金支付系统充分利用了（　　）技术保证安全，防止伪造、抵赖。

A. VR签名　　　　B. 人工签名　　　　C. 数字签名　　　　D. AR签名

二、多选题

1. 电子货币类支付方式常见的类型有（　　　）。

A. 电子现金　　　B. 电子钱包　　　　C. 电子支付　　　　D. 电子股票

2. 电子信用卡类支付方式的种类有（　　　）。

A. 智能卡　　　　B. 借记卡　　　　　C. 电话卡　　　　　D. 银行卡

3. 常见的第三方支付平台有（　　　）。

A. 支付宝　　　　B. 超市　　　　　　C. 银行　　　　　　D. 财付通

4. 网上银行的申请有哪两个服务模式？（　　　）

A. 面向企业　　　B. 面向个人　　　　C. 面向富人　　　　D. 面向儿童

5. 一般选择（　　　）作为支付宝的用户名。

A. 电子邮箱名　　B. 身份证号码　　　C. 电话号码　　　　D. 银行卡号

三、判断题

1. 开放性与虚拟化不是网上银行的特点。（　　　）

2. 电话卡是电子信用卡的一种形式。（　　　）

3. 电子支付不是金融服务的一种新形式。（　　　）

4. 支付方式主要包括线下支付和电子支付两种。（　　　）

5. 不开通网上银行不能在网上购物。（　　　）

四、案例分析题

春节期间，购买礼品走亲访友是人们必不可少的内容，对于在同一座城市生活的人们来说，这并不是一个难题，然而这却难倒了刚参加工作的小王。小王大学毕业后在西安一家外企就职，而小王的父母都远在上海，由于工作繁忙，不能回家过年了，所以小王非常想买一些礼物邮寄回去，来表达自己的思念之情，但是这么长距离的邮寄是件很麻烦的事情，费用高，路途长，而且很难保证礼品送达后的质量，小王为此事伤透了脑筋。这时，一位热心的同事知道了小王的难处，给小王提出了很好的建议："为什么不在网上购物呢？比如，可以选择有些银行提供的网上支付功能，通过网上支付工具就可以在网上购买商品了，而且可以选择在上海的商户，这样就可以方便、快捷、保质保量地把礼物送到啦！"在听取同事的建议之后，小王一方面非常欣喜，网上购物竟可以如此的方便、快捷，但是利用网上支付工具进行购物还是第一次，心里还存在着一些担忧。涉及网上支付的工具有哪些？如何进行申请？利用网上支付工具如何实现在线购物？具体操作流程有哪些？另外，在整个交易过程中安全问题是否能够得到保障呢？请同学们根据所学的知识解决小王的困惑，并最终帮他实现购物的目的。

五、场景实训题

1. 请各小组登录淘宝网站，注册账号，以买家的身份来购买商品，体验网上购物。

2. 请各小组注册支付宝账号，并尝试开店，以卖家的身份发布商品信息，并做商品推广，吸引消费者消费。

项目6　初识网络营销

项目概述

　　王敏在学校是一名优秀团员，毕业后也从没有停止过学习党的先进理论知识。前段时间，党的第二十次全国代表大会胜利闭幕。其中党的二十大报告指出：科技是第一生产力、人才是第一资源、创新是第一动力。要把技能人才作为第一资源来对待，特别是要将高技能人才纳入高层次人才进行统一部署。王敏认识到要想发展、提高就需要不断学习，多思考、多创新。

　　王敏实习的公司虽然实体店的业务一直很好，但是她所在的电商部门业绩一直上不去。马上就要到"双十一"了，他们部门想要趁着这次大促活动，好好提升一下电商部的销量和业绩。

　　王敏虽然在学校也学习过一些关于网络营销的理论知识，但一直没有实践的机会，她想趁这次机会能将自己掌握的理论知识与实践相结合，彻底理解什么是网络营销，厘清网络营销与传统营销的区别，并分析要从哪些方面开展营销活动，在这次"双十一"活动中能做出成绩，能掌握网络营销技能，成为实习公司电商部门的专业人才。。

认知目标

　　1. 掌握网络营销的概念、特点。
　　2. 认识不同的网络营销。
　　3. 知悉网络营销包含的内容。
　　4. 掌握如何开展网络营销促销活动。

技能目标

　　1. 能根据网络店铺实际情况，独立制定一份网络营销促销方案。
　　2. 能结合实际情况，根据店铺开展网络营销，并提出整改意见。

素养目标

　　1. 具备分析和解决问题的能力。
　　2. 具有吃苦耐劳，坚持不懈的企业家精神。
　　3. 具备网络营销岗位工作意识。

任务一　走进网络营销

为了准备这次"双十一"的活动，王敏决定要在实践中夯实自己的知识，彻底掌握网络营销的相关知识，首先，王敏决定进一步理解到底什么是网络营销。

■■■ **任务分解**

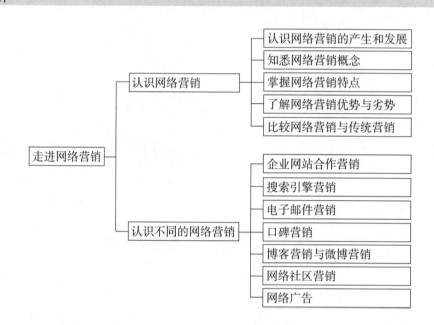

活动一　认识网络营销

王敏在电商网站上浏览时发现，他们的店铺信息很少，而一些销量较高的店铺内容都视频丰富，有折扣信息，有会员通知，有最新的活动通知……他们的网店却并不吸引人。如何解决呢？这些属不属于网络营销的内容呢？王敏决定开始网络营销的学习。

一、认识网络营销的产生和发展

市场营销和互联网的发展为网络营销提供了现实基础。激烈的市场竞争让传统市场失去了空间，使得销售者的利益空间越来越小，推动了网络营销的发展；互联网技术的发展为网络营销提供了技术支撑；加之经济全球化的发展和消费者的消费观念的改变，网络营销在这些因素的影响下得到了迅速发展。

二、知悉网络营销概念

网络营销，顾名思义就是指利用互联网的特性进行营销推广，实现企业营销目标的一种营销活动。

通过网络营销的概念解读，我们可以知道网络营销的内涵包含以下两个方面。首先，实现企业的营销目标，获得企业利润是网络营销存在的意义，因此网络营销必然是企业整体营销的一个组成部分，是企业实现利润的手段。其次，网络营销是借助于互联网开展企业产品的营销推广活动，所以网络营销包含了营销活动中的计划、销售、反馈等一系列活动，不仅仅是单纯的网上售卖。

三、掌握网络营销特点

（一）时空性

互联网最基础、最突出的一个特点就是超时空性，网络营销的技术基础是互联网，因而网络营销也具有超时空的特点。

（二）个性化

不同企业利用网络自行开展网络营销，他们所采用的策略、手段及表现都不会相同，极具有企业自身的个性特点。

（三）交互性

交互性是网络营销最突出的特点。传统营销的沟通属于单向信息交流，网络营销的沟通属于双向信息交流。网络营销完全改变了传统营销中双方的沟通方式，消费者通过网络关注自己的消费并与企业进行及时沟通，企业通过网络解决消费者遇到的问题。

（四）经济性

网络营销的经济性主要体现在它避开了中间的商业流通环节，减少了店铺成本、人工成本、营销费用等，通过无纸化操作，无现金化支付，提高了工作效率，远比传统营销更经济。

（五）高效性

在传统的消费环境中，消费者很难在有限的时间内将自己想要购买的东西进行全面地比较，而网络营销可以帮助消费者实现这个愿望。由于网络营销的消费环境是没有时空限制的，消费者可以轻松地实现"货比三家"，做出选择。而且在网络环境中，商品的信息量更大，传播速度更快，价格更透明，消费者可以通过较短的时间做出购买决定。

（六）整合性

网络营销包含了从获取商品信息、商品结算到最后售后服务的所有内容，是一种全程的营销方式。这种营销方式有效地将销售前、销售中、销售后三个部分紧密整合在一起，更方便消费者做出购买决定。企业也更容易实现营销目标。

当然网络营销的特点还有很多，大部分也都是基于互联网所赋予的一些基本特点，比如网络营销的技术性、成长性、多媒体性等。纵观网络营销的这些特点，不难看出网络营销就是一种利用互联网的特点，从消费者出发，实现企业营销目标的新的营销模式。

四、了解网络营销优势与劣势

网络营销优点很多，如具有经济、快捷、方便有效等优点，但网络营销并不是没有缺点，如不是所有的商品和服务都适合进行网络营销，网络消费者无法感受到传统市场的真实购物环境及消费乐趣，还存在网上商品的质量得不到保障、售后服务不到位等问题。

五、比较网络营销与传统营销

（一）两者的相同点

1. 两者本质相同

传统营销和网络营销存在的价值就是实现企业营销目标，让企业获取利益。因此这两种营销方式，它们的本质没有发生改变。

2. 两者都为了满足消费者的消费需求

无论是什么样的营销方式，将产品销售出去，获取企业利润是它们的根本目标。但是只要想实现企业利润，不管采用何种营销方式都必须满足消费者需求这个基本前提，否则难以实现。企业利润的实现是传统营销和网络营销的目标，因此实现消费者需求的满足是必要前提。

3. 两者都不能单独发挥作用

无论是传统营销还是网络营销都是企业营销战略的一部分，都不是孤立的、单一的。它们的实施都需要通过制订计划、活动方案等来完成，并启动多种关系，搞好整合，这样才能有效地实现企业的营销目标。

（二）两者的不同点

1. 产品定位不同

传统营销主要是针对某一类型的商品或是某一特定商品进行销售，而网络营销的产品定位更具体，更个性化。

2. 促销手段不同

传统营销的促销手段成本很高，需要在人力和物力上进行大量投入，而且没有针对性，会受到时间、地点、商品价格等多方面的影响。网络营销的促销方式是一对一的，双向的，低成本的，消费者可不受任何限制，足不出户地做出购物决定。

3. 竞争点不同

传统营销的营销方式主要强调的是依靠销售人员通过单向地、非针对性地向所有消费者宣传、推广，实现销售。网络营销主要强调的是开展有针对性的、有效的消费推广，实现营销目标。竞争点由原来的争取更多的消费者转变为现在的针对个别有效的消费者。

4. 营销策略不同

传统市场营销的营销策略主要是4P理论，指的是产品（product）、价格（price）、渠道（place）和促销（promotion），这个理论强调的是产品，也就是说传统营销重视的是产品自身质量的好坏，对消费者的关注度不高。

现代营销理论主要是4C理论，指的是消费者的需求和欲望（consumer's wants and needs）、满足欲望与需求所需要的成本（cost to satisfy wants and needs）、方便购买（convenience to buy）和加强沟通（communication）。网络营销属于现代营销，它注重的是消费者需求的满足，因此从原来一味地关注产品，转变为关注消费者需求。

知识链接

认识4R理论

唐·E.舒尔茨（Don E. Schuhz）在4C理论的基础上提出了4R理论。

第一，关联（relevance），即认为企业与消费者不是分割开来的，是统一的，是相关联的，因此要关注企业与消费者之间的关系建立和维护。

第二，反应（reaction），即关注消费者需求的变化，站在消费者的角度考虑企业应该做出的变化。企业的商业模式转变为快速反应状态。

第三，关系（relationship），现代市场环境中各个环节的企业及企业与最终消费者之间的关系都发生了巨大的改变，尤其是企业与最终消费者的关系发生了本质性的变化。与各参与者间建立良好且稳定的关系是企业利润实现的关键。

第四，报酬（reward），任何营销活动的目标都是为了实现企业利润，都是经济利益问题。如果没有报酬，企业不会开展营销活动，消费者需求也无法得到满足。因此报酬的实现解决了企业和消费者之间的矛盾。

5. 营销渠道改变

传统的营销渠道是产品生产商—产品批发商—产品零售商—最终消费者，中间商依旧存在，有着重要作用。网络营销主要依靠的是网络，因此中间商的作用发生了改变，已经淡化，营销渠道更注重信息的双向沟通，营销渠道是产品生产商—互联网—物流企业—最终消费者。

通过对网络营销基础知识的学习，王敏认识了网络营销与传统营销的区别，也意识到网络营销的开展对现代企业发展的重要性。于是王敏对照他们的实际情况，认识到网络营销是网上开店后的必经之路，也是他们线上业务能得以盈利的重要途径。

活动二　认识不同的网络营销

如何开展网络营销，先从哪一步着手呢？王敏知道网络营销的方法有很多，有通过邮件营销的，有微博营销的，有即时广告……如何选择合适的网络营销方法并有效运用，首先要先认识这些不同的网络营销。

一、企业网站合作营销

企业网站本身就是企业进行宣传推广的平台。几乎所有的企业网站都承担着如企业品牌形象的树立、信息的发布、开展客户交流与服务等多种工作，功能很多。每个企业网站自身拥有一定的客户资源、广告资源、信息资源等，于是企业就可以利用自身拥有的资源优势寻找合作伙伴，开展合作，实现资源共享，扩大收益。

常见的网站资源合作营销方式有：①友情链接资源合作营销。②网站联盟资源合作营销。③广告资源合作营销。④信息推广合作营销。⑤内容信息合作营销等。

知识链接

加多宝牵手《中国好声音》实现华丽转身

加多宝是一家于1995年创立的民营企业，以经营罐装、瓶装、盒装凉茶产品为主。2012年在与王老吉分手后，失去多年打造的产品，但加多宝成功打造起了新品牌，通过优质资源的转换、广告的更换等，保证了销量和市场份额，体现了加多宝公司超强的运作能力。

2012年，加多宝牵手浙江卫视《中国好声音》是其全面营销运作过程中浓墨重彩的一笔。《中国好声音》吸引了无数眼球，也成就了加多宝和娃哈哈打造的"启力"饮料。伴随节目的热播，浙江卫视的节目广告和网站内，到处可见加多宝的影子，"正宗凉茶加多宝"的口号也传开了。

[参考资料] 刘晓云，《成功营销》，《龙源期刊》，2013年第11期。

二、搜索引擎营销

搜索引擎营销（Search Engine Marketing，SEM）指的是企业利用人们使用搜索引擎的习惯，向目标客户宣传推广企业和企业产品，实现营销目标。搜索引擎营销如图6-1-1所示。

搜索引擎营销就是通过搜索引擎提高企业网站的访问量，然后通过优化，寻找潜在客户，针对潜在客户有效开展营销，实现客户转化率的提高，达到营销目标。常见的搜索引擎营销的服务方式有关键词竞价排名、关键词广告、搜索引擎优化，按照有效通话收费。

图6-1-1　利用百度搜索引擎营销

知识链接

认识搜索引擎优化

搜索引擎优化（Search Engine Optimization，SEO），是一种利用搜索引擎的规则，提高企业网站在相关搜索引擎内的排名顺序的营销方式。

SEO的工作原理就是根据搜索引擎规则，改变企业网站的排名，让其占据领先地位，获得高访问量，实现宣传，获取企业效益。SEO包含站外SEO和站内SEO两方面。

SEO的优点：①时效长。专业SEO维护的情况下持续时间较长。②效果好。通过搜索引擎优化可以实现网站流量的提升，用户注册的增多，而这些都是量化的，效果可以准确评估。③性价比高。SEO的费用相比竞价排名和广告便宜很多，且效果很好。④用户体验好。通过优化，用户能迅速找到相关信息，方便快速的体验增强了用户对企业品牌的好感。

三、电子邮件营销

电子邮件营销就是企业利用互联网信息技术，以发送邮件的方式和用户包含潜在用户进行沟通，实现企业营销目标。图6-1-2所示，就是利用QQ邮箱发送邮件进行产品推广。

图6-1-2　电子邮件营销

（一）电子邮件营销的分类

根据是否得到用户许可，电子邮件营销分为许可电子邮件营销和未经许可电子邮件营销。许可电子邮件营销是指企业在目标用户事先许可的前提下，利用电子邮件向其传递营销信息的一种营销手段。许可电子邮件营销也就是我们常说的电子邮件营销。

根据目标用户电子邮件地址资料来源的方式不同，分为内部列表电子邮件营销和外部列表电子邮件营销。

内部列表电子邮件营销亦称内部列表，是指利用用户自愿在网络注册的电子邮件资料开展营销。外部列表电子邮件营销即外部列表，是利用专业服务商或服务机构提供的电子邮件地址开展营销。企业需要通过第三方中介实现电子邮件的发送。两者的区别还有很多，最重要的是外部列表主要是用于推广，内部列表主要是用于客户关系的管理。

（二）电子邮件营销的特点

①成本低。电子邮件营销相比其他营销方式所产生的费用种类较少，主要就是上网费，成本低。

②操作方便，简单。该类营销方式只需要通过群发软件就可以实现营销操作。

③营销范围广。由于网络的发展，上网人数十分可观，它可以短时间实现广范围的宣传

推广，因此用电子邮件对用户进行营销推广也越来越受重视。

④时空性。不受时间和地点的限制，依靠互联网，企业易于开展营销推广。

⑤提供个性化服务。电子邮件营销可以统一内容也可以根据实际需要，针对某一行业人群或是某一特定人群进行内容编辑，进行邮件群发，实现营销目标。

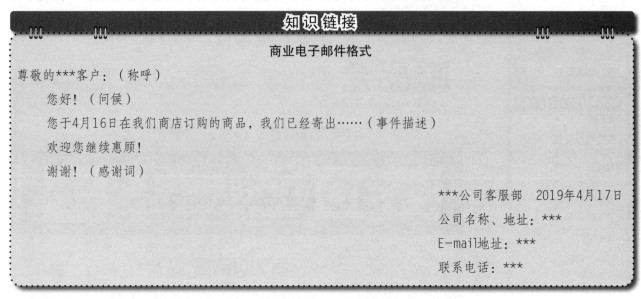

知识链接
商业电子邮件格式

尊敬的***客户：（称呼）

您好！（问候）

您于4月16日在我们商店订购的商品，我们已经寄出……（事件描述）

欢迎您继续惠顾！

谢谢！（感谢词）

***公司客服部　2019年4月17日

公司名称、地址：***

E-mail地址：***

联系电话：***

四、口碑营销

口碑营销就是企业采用各种手段引发客户对企业及企业产品、服务的谈论和交流，形成口碑后，激励客户积极主动向其周边人群进行宣传推广的一种营销方式。网络口碑营销是指利用网络实施口碑营销，企业采用激励措施让消费者自愿通过网络分享对企业产品和服务的体验和感受，引起其他消费者的关注和购买。口碑营销实现营销的媒介有很多。

口碑营销的优点在于成本低、传播快、影响力大、针对性强，容易影响消费者决策，减少企业成本等特点，同时口碑营销还能够提高消费者对品牌的忠诚度，便于企业发现潜在客户。

例如，唯品会承诺100%正品，7天放心无条件退款，基于这样的承诺，唯品会形成了良好口碑，通过明星代言的效应，实现其快速发展。

知识链接
口碑营销的力量

相宜本草是一家经营草本类化妆品的国产品牌，虽然产品品质较好，但化妆品市场上了解该产品的消费者不多，市场认知度较低。在竞争激烈的化妆品市场，如何能够以低成本解决现阶段认知的问题，是相宜本草面临的一大难题。经过多方咨询与沟通，相宜本草决定利用网络，通过口碑营销策略，实现快速传播。

据此，相宜本草结合企业目标群体的特点，选择了一家与自己定位相同的、新兴的化妆品品牌口碑社区——唯伊网合作。该社区汇集的主要是年轻的、消费品牌忠诚度不高的、喜爱尝试新产品的年轻女性。相宜本草以唯伊网作为传播载体，通过口碑营销、社区营销，迅速让年轻消费者认识了这个品牌，为后期开展产品的营销推广奠定了坚实的基础。

[参考资料] 刘全胜，《网络营销与成功案例》，2011年6月1日。

五、博客营销与微博营销

（一）博客营销

博客营销是指通过博客发表一些原创性的、专业化的内容吸引消费者，等建立一定数量的访问群体后，进而影响消费者的消费决定，如图6-1-3所示。

图6-1-3　博客营销

博客营销的特点主要是目标定位准确；成本费用较低；与其他网络信息平台相比，博客文章内容展示形式多样且自主性更强，发布方式灵活；博客具有交互性。

（二）微博营销

微博营销是指企业利用企业微博及时分享企业文化和企业产品信息，更新企业的各种营销活动信息等，树立良好的企业和产品形象，吸引用户关注，增加访问量，加强与用户交流，实现营销目标。如图6-1-4所示，华为官方微博主要通过介绍产品和活动，推广产品，实现销售。

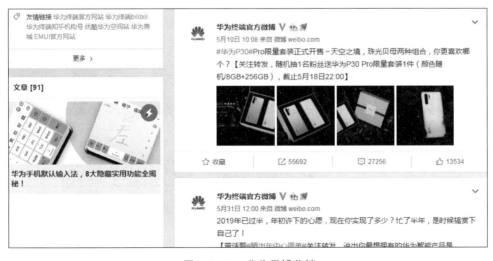

图6-1-4　华为微博营销

微博营销的主要特点如下。

①形象化。微博营销通过图片、文字、视频等多样的多媒体手段描述产品，反映产品体

验和感受，消费者获得了更形象的信息。

②速度快。微博传播迅速，短时间就能实现文章的迅速阅读和转载。

③便捷性。微博比其他的营销形式传播信息方便，节约了大量的时间和成本。

④广泛性。微博可以通过粉丝转载来传播，影响广泛。

（三）博客营销与微博营销的比较

博客营销和微博营销是有区别的。两者都是利用网络宣传，树立企业形象，达到营销目标。但博客营销主要是通过个人力量，而微博主要是利用平台资源、社会资源，实现产品营销目标。

六、网络社区营销

网络社区就是网上特有的，因共同兴趣爱好聚集在一起的，能实现成员间相互沟通目的的一种虚拟社会。在网络社区内所有成员可以直接发布营销信息，也可以实现直接的网上销售。通过社区内的交流还可以增进和访问者或是客户之间的关系，常见的网络社区形式有电子公告板（BBS）、聊天室、讨论组、论坛等。社区营销如图6-1-5所示。

图6-1-5 社区营销

认识BBS

BBS实际就是为广大网友提供一个可以交流的虚拟空间，是社区营销的一种表现形式。

大部分BBS都是由一些有共同兴趣爱好的人建立的，对所有人免费开放的。在BBS上每个用户都可以发布信息，没有时空限制。BBS一般把发帖子最多的网友叫作版主，版主具有相对意义上的管理权，可以删除论坛中的不当言论。

七、网络广告

网络广告也被称为在线广告、互联网广告等，它以计算机网络为媒介进行广告传播。如图6-1-6所示，企业利用淘宝网做广告宣传。

与其他媒体的广告相比，网络广告具有无法比拟的特点和优势：传播范围广、交互性强、针对性强、实时性强、受众数量可准确统计、成本低、网络广告效果的可测评性等。

图6-1-6 网络广告

（一）网络广告的分类

1. 品牌类网络广告

品牌类网络广告就是通过互联网推广，以宣传产品品牌为主的广告形式。品牌类广告宣传目的就是为了提高产品认知度，树立企业形象。品牌类网络广告主要形式有：品牌图形广告、固定文字链广告、分类广告和电子邮件广告等。

2. 搜索引擎类广告

搜索引擎类广告是基于搜索引擎及其细分产品的各类广告，包括排名类产品广告、内容定向广告、品牌广告等多元广告。

（二）常见的网络广告定价模式

常见的网络广告定价模式如表6-1-1所示。

病毒式营销的
"3W"策略

表6-1-1　常见的网络广告定价模式

付费方式	概念含义
CPA（Cost Per Action）	根据每个访问者观看网络广告后所采取的行动收费
CPC（Cost Per Click）	根据广告被点击的次数收费
CPM（Cost Per Thousand Impressions）	每千次印象成本，即广告条每显示1000次（印象）的费用
PPL（Pay Per Lead）	根据每次通过网络广告产生的引导付费
PPS（Pay Per Sale）	根据消费者观看网络广告后产生的直接销售数量付费

知识链接

认识广告的分类

　　根据广告的表现形式不同，网络广告可以分为网站广告和网页广告。有的企业网站自身就是一种网络广告的形式，起到广告宣传作用。网页广告的形式种类有很多，包括旗帜型广告、按钮型广告、弹出式广告、文字链接广告、赞助式广告、搜索引擎登录广告、墙纸式广告、互动游戏式广告、免费邮箱隐含广告、电子邮件广告等。

　　网络营销方法随着网络和网络营销的发展，越来越多，也越来越成熟，还存在如病毒性营销、网络新闻营销、软文营销、个性化营销等多种营销方式。企业需要根据自身特点选择最有效、最适合自己的网络营销方法。

　　王敏通过对网络营销方法的学习，认识了不同的网络营销，也明白了不同条件下应该采用什么样的网络营销，更清楚了每种营销方法的优缺点。经过思考分析，她决定采用基于站点的网络营销方法开展营销。

任务二　开展网络营销

任务描述

王敏现在已经清楚什么是网络营销以及开展网络营销的常用方法，她现在最大的困难是如何开展网络营销。网络营销包含哪些内容呢？怎么开展网上活动，怎么做广告才能吸引大家购买？是不是只要在网上发布一些广告就可以了，还是需要自己先找到给什么样的人发广告？要不要做调查？折扣是最吸引消费者的，怎么做好网络促销？王敏很想抓住这个好时机，可是对于现在的王敏来说，她对上面这些问题十分不解，王敏决定好好学习一下如何开展网络营销。

任务分解

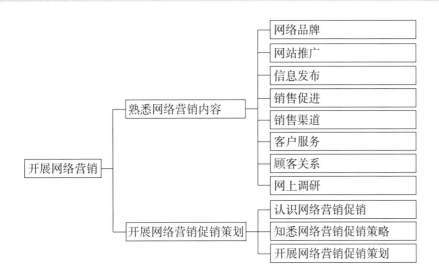

活动一　熟悉网络营销内容

网络营销是一种现代新型营销方式，根据企业所需要的具体网络营销岗位能力需求分析，可以清楚知晓网络营销包含的内容。

一、网络品牌

无论采用什么样的营销方式，品牌的作用和影响都是不容忽视的。网络营销所有的方法手段，其目的都包含了树立和推广企业品牌。网络品牌建设就是通过建设企业网站，利用一系列的宣传推广措施，打造企业产品的良好形象，让顾客和公众认知、认可。网站的知名度、口碑和定位都决定了网络品牌的优劣，也决定了后期网站的转化率。

二、网站推广

网站推广是指通过网站的建设和宣传，提高企业网站访问量，帮助消费者掌握网站中产品和服务的相关信息，最终做出购买决定，完成购买活动。

三、信息发布

无论采用哪种网络营销方式，企业都需发布产品信息并要成功地将信息传递给目标人群，影响目标人群的购买决策。信息发布是网络营销最基本的职能。

四、销售促进

网络营销的根本目的就是提高流量，提升转化率，增加产品销售，实现企业利润。所有网络营销的方法都包含了促进销售的目的，且销售促进不仅是指促进网上销售，也包含对线下销售的促进。

五、销售渠道

一个具备网上交易功能的企业网站本身就是一个网上交易场所。网上销售渠道是企业传统销售渠道的延伸，是企业实现网上销售的基础。网上销售渠道建设不仅包含企业自身网站建设，还包括企业与其他网站开展的多种合作等。

六、客户服务

拥有品牌知名度和优质产品并不一定会成功转化为订单，还需要企业借助互联网为网上消费者提供方便的客户服务业务。常见的客户服务形式有常见问题解答（Frequently Asked Questions，FAQ）、在线留言、网络电话服务、聊天室、邮件列表等。

七、顾客关系

在激烈的市场竞争环境中，与顾客是否构建了良好的关系直接影响企业营销目标是否能实现甚至影响企业未来的发展。因此若想网络营销取得成效，实现目标，企业必须与顾客建立、维系一种良好的社会关系。在网络营销过程中企业要通过网络的交互性，提供优质的客户服务，开展多种顾客参与的活动，从而建立良好的顾客关系。

八、网上调研

在互联网时代，有效信息的掌握是实现企业目标的必要条件。企业要想顺利开展网络营销需要掌握消费者需求的变化、竞争对手的信息等，并能根据实际情况及时调整策略，实现营销目标。网上调研可以帮助企业获取这些有效信息。网上调研的常用方式是在线调查问卷法、电子邮件法、网上搜索法、网站跟踪法等。

相对传统市场调研，网上调研具有以下特点：网络信息具有及时性和共享性、调研成本低、网上调研不受时空限制、网上调研具有交互性、网上调研具有可控性。

网络营销就是通过网络充分发挥其各项职能内容的作用，实现网上经营的整体效益最大化。网络营销的各项内容是统一的，相互影响的，需要通过各种网络营销方法共同作用实现。明确网络营销的内容，知悉网络营销的各项职能，是企业顺利开展网络营销的基础。

王敏通过对网络营销内容的学习，对网络营销有了更深刻的了解，知悉了网络营销的各项内容，清楚了针对各项内容需要开展的具体工作。在接下来自己网店开展的网络营销中，王敏将结合网络营销的具体内容和方法，安排好工作岗位和具体事项。

◉ 活动二　开展网络营销促销策划

一、认识网络营销促销

（一）网络营销促销的概念

网络营销促销简称网络促销，是指通过网络向网络消费者传递相关商品和服务的降价、折扣等活动信息，刺激消费者需求，影响消费者的购买决策的各种活动。

（二）网络营销促销的形式

网络营销促销的形式主要有：网络广告促销、站点推广促销、网络营销推广促销、网络关系营销促销。

1. 网络广告促销

网络广告促销是指广告主为实现某个产品品牌、服务知名度和影响力的提高，促进销售，利用网站发布相应的产品活动信息进行宣传推广的一种活动。

2. 站点推广促销

站点推广促销就是指企业利用网站站点，树立企业形象，吸引用户访问，增加浏览量，达到宣传推广的目的。站点推广的第一种方法是通过改进企业网站的内容和服务，提高网站流量，扩大潜在客户数量，实现站点推广效果；另外一种是通过网络广告宣传推广站点。两种方法相比，前一种费用低但传播速度慢，后一种传播速度快但是费用高。

3. 网络营销推广促销

网络营销推广促销亦称为网络销售促进，是通过满足消费者的附带需求，掌握其需求变化，提升目标顾客对需求的关注度的促销活动。价格折扣法、有奖销售法、拍卖销售法、免费资源促销是企业经常采用的网络销售促进方法。这种促销方法的特点是见效快，但是管理难，存在一定的副作用。

4. 网络关系营销促销

网络关系营销促销是指企业利用互联网的交互性特点，吸引用户与企业建立联系，通过关系的维护，稳定市场份额，培养顾客的品牌忠诚度，提升消费者转化率。

二、知悉网络营销促销策略

（一）网上折扣促销策略

网上折扣是目前网上最常用的一种促销策略。虽然网络销售成本较传统的销售成本低，但无论是什么样的价格只要有波动，消费者就会十分敏感，网上折扣也会有此效果（图6-2-1）。无论厂家出

网络营销促销策略

图6-2-1　网上折扣

于何种目的进行折扣，人们也都愿意做出网上购买的决定。

（二）网上赠品促销策略

网上赠品促销策略就是根据消费者的需求或喜好，鼓励他们经常访问网站或是参加购买活动，获取相应的赠品（图6-2-2）。产品开辟新市场阶段、新产品的推广和试用阶段常采用这种促销策略。

图6-2-2 网上赠品促销

（三）网上抽奖促销策略

网上抽奖促销是企业采用较多的一种促销形式。消费者可以通过填写问卷、信息注册、参加网上投票活动等方式参与网上抽奖活动（图6-2-3）。网上抽奖促销活动一般应用于产品的调查阶段、推广阶段或是企业开展庆典活动。

图6-2-3 网上抽奖促销

（四）积分促销策略

积分促销就是通过鼓励消费者多次消费或是参加企业活动增加积分，然后进行积分兑换，换取优惠券或是其他产品（图6-2-4）。积分促销可以吸引消费者积极参加企业活动，利于增加企业网站的浏览量，利于提高消费者的忠诚度和企业产品知名度。

图6-2-4　积分促销

（五）网上联合促销策略

网上联合促销是指不同的企业开展合作，联合进行的促销活动（图6-2-5）。

图6-2-5　网上联合促销

（六）电子优惠券促销策略

电子优惠券是优惠券的电子形式，指以彩信、二维码、图片等形式进行传播和使用的促销凭证（图6-2-6）。电子优惠券主要有电子打折券和电子代金券两种形式。与普通纸质优惠券相比，电子优惠券制作和传播成本低，传播效果可精准量化。

优惠券按计价形式分为打折券和代金券两种。打折券，指消费者在支付费用时，按打折券规定的比例折扣计价。代金券，即载有一定面值的促销券，指的是消费时使用该券，可以抵用现金。

图6-2-6　电子优惠券促销

　　网络促销的形式还有很多，如节假日促销、时间促销等。企业一般会进行网络促销策划，通过策划，并进行可行性和效果分析，综合评判采用哪些网络促销活动实现企业促销目标。

三、开展网络营销促销策划

　　网络营销促销策划是指企业根据市场变化趋势进行分析判断，根据消费者需求，对其所采用的网络促销行为进行预测和规划。

　　网络营销促销策划亦是一项复杂的工作，企业需要用系统的、科学的方法对其进行分析，综合考虑，最后选择相关促销策略。

（一）网络营销促销策划方案

　　网络营销促销策划方案是指企业根据网络促销的目标，运用专业的电子商务知识，为其网络营销促销提供完备的策略方法、实施步骤等的具体建议和方案。

（二）网络营销促销策划过程

　　企业的网络营销促销的策划过程是十分严谨的，要深入了解产品信息的特点，明确目标，分步实施，才能使策划更具有科学性和可行性。因此，熟悉网络营销促销策划过程是十分必要的。

　　1. 明确网络营销促销对象

　　企业网络营销促销对象是指在网络市场上所有对企业产品有购买可能性的消费者。因此，网络营销促销对象主要是以下三种人：产品的使用者、产品购买的决策者、产品购买行为的影响者。

2. 设计网络营销促销内容

网络营销促销的内容主要根据消费者的变化和产品自身的变化开展。每位消费者的消费阶段不同及产品自身也存在生命周期问题，这些都会对消费者的购买决定产生影响。因此促销内容的设计就要考虑到上述两个因素，要根据每个阶段的不同引导和帮助消费者做出购买决定。

3. 选择网络营销促销组合方式

网络营销促销活动主要通过网络广告促销和网络站点促销两种方法实现。不同的产品种类、销售对象和促销方法将会产生不同的网络营销促销组合方式，所以企业要根据自身的实际情况，合理组合，达到最佳促销效果。

4. 撰写网络营销促销策划与实施方案

确定了网络营销促销目标，并进行了调研后，就应该形成贯穿整个策划与实施过程的基本方案。形成的方案还需在调研和后期的发展过程中不断地打磨、修改和补充。

经过不断修改、论证和最终审核的策划方案才能成为整个活动的指导纲领，指导企业的整个网络营销促销活动。

5. 制定预算方案

制定预算方案是网络营销促销策划的一个重要组成部分，在预算的制定中要充分考虑到网络营销促销的组合形式是什么、网络营销促销的目标是什么及促销活动预计达到的影响范围。这三点也是影响预算的重要因素。

6. 可行性分析和效果评估

可行性分析是企业对网络营销促销策划方案的条件进行调查研究和比较分析，并对可能取得的经济利益和社会影响做出可能判断，从而推动方案的实施。

效果分析主要是方案实施后，企业需要及时地对效果进行跟踪评估，记录相关的评估数据，作为效果评估的依据。

王敏通过网络营销促销概念、形式和促销策略以及如何制定网络营销促销方案的学习，掌握了开展网络营销促销的重点，成功地根据所学内容制定了一份促销活动方案。

项目总结

王敏通过本项目的学习，了解了网络营销包含的内容，也学会了如何开展网络营销，利用网络做好店铺促销、宣传和推广活动。

本项目的学习，让王敏明晰了开展网络营销的方法和策略。通过边学习边实践，不断总结分析，提升了王敏对电子商务、网络营销的学习兴趣，也提升了王敏在实习单位的形象。通过学习、实践，王敏对专业就业更加有信心，对专业技能学习更加有创新精神。在接下来的实习中，王敏表示将会紧紧围绕党的二十大报告精神，不断汲取力量，努力成为高技能人才，为电商发展贡献自己的绵薄之力。

思政园地

不改初心践行动　与时俱进促发展
——"东方甄选"成功出圈的启示

2020年疫情，加速了电子商务发展，变革了网络营销形式，其中电商直播几乎成为了各行业的救命稻草。2021年双减政策后，新东方有两个瞬间让很多人感动和敬佩。一是新东方把退租教学点的课桌椅都捐献给了全国乡村学校。近8万套课桌椅，一套市场价六七百块钱，差不多5000万。新东方收入锐减，他明明可以把这些课桌椅卖掉，换点现金，但还是选择都捐了出去，给更有需要的人。

随后，新东方便转战电商直播，凭借差异化的内容和叙述形式，将农产品售卖完美地包裹在诗词歌赋、人生哲学、双语学习和知识中，创造出了新的"内容场"和"产品场"。在东方甄选的直播间，农产品成为关注焦点，"乡村振兴"成为主流，后疫情时代城市居民对健康、原生态和品质的需求成为关注对象。直播间为农产品开创了一个新渠道，为电商直播开辟出了新品类的机会。

满满人间烟火气的东方甄选直播间，朴素的农民主义哲学，坚强的企业家精神和果断创造，服务社会的人文情怀，在党的领导下不断开拓创新，这些成就了"东方甄选"，也为未来各行业的企业发展和营销带来了新启示。

实战训练

一、单项选择题

1. 下列属于网络营销方法的是（　　）。

A. 搜索引擎　　　　B. 电子书　　　　　　C. 网络实名　　　　D. 客户服务

2. 网络营销实施的最高层次是（　　）。

A. 网上信息发布　　B. 网络分销联系　　　C. 网上直接销售　　D. 网络营销集成

3. 不属于微博和博客营销区别的是（　　）。

A. 博客文章自主性强　　　　　　　　　B. 博客文章内容多

C. 博客主要依靠个人力量　　　　　　　D. 一种新型营销方式

4. 以下商品中最适合网上销售的是（　　）。

A. 珠宝　　　　　　B. 手机　　　　　　　C. 图书　　　　　　D. 黄金

5. 为了鼓励消费者淡季购买，企业经常采用（　　）策略。

A. 数量折扣　　　　B. 现金折扣　　　　　C. 季节折扣　　　　D. 交易折扣

二、多项选择题

1. 搜索引擎常用的方式主要包括（　　）。

A. 关键词广告　　　B. 搜索引擎优化　　　C. 竞价排名　　　　D. 有效通话收费

2. 网络社区营销的主要形式包括（　　）。

A. 电子公告板　　　B. 聊天室　　　　　　C. 论坛　　　　　　D. 讨论组

3. 常见的网络定价模式有（　　　）。

A．CPA　　　　　　　　B．CPC　　　　　　　C．CPM　　　　　　　D．CPP

4. 基于网站的网络营销方法主要有（　　　）。

A．搜索营销　　　　B．电子邮件网络营销　C．网上分类广告　　D．发布供求信息

5. 网络营销与传统营销的主要区别是（　　　）。

A．本质不同　　　　B．营销策略不同　　　C．竞争方式不同　　D．促销手段不同

三、判断题

1. 网络营销不等于电子商务。（　　　）

2. 网络营销与传统营销没有区别。（　　　）

3. 搜索引擎不是搜索引擎优化。（　　　）

4. 无站点营销就是不借助于网站开展营销。（　　　）

5. 只有建立自己的网站平台，才能够开展网络营销。（　　　）

四、简答题

1. 简述网络营销与传统营销的相同点和不同点。

2. 简述网络营销的主要特点。

3. 简述微博营销与博客营销的区别。

4. 简述常见的网络营销促销策略。

5. 简述网络营销包含的主要内容。

五、场景实训题

分小组在网上搜集100个邮件地址，从中选择50个邮件地址，向其发送电子邮件广告。自己编辑电子邮件广告内容，邮件的主题是针对褚橙进行宣传推广。登记查看有效的邮件回复率和潜在顾客的情况，做出分析，形成报告。

项目7　知悉移动电子商务

项目概述

就读电子商务专业的王敏同学是凤阳乡卖蜂蜜的农户的女儿，每年蜂蜜上市的时候，她的妈妈总是通过路边摆摊设点或是通过熟人介绍的方式进行销售。近年来随着电子商务的发展，尤其是移动电子商务的迅速发展，王敏想通过移动电子商务来帮助她的妈妈销售蜂蜜。移动电子商务到底是什么，它所涉及的相关技术有哪些，蜂蜜的销售是否适合采用移动O2O模式，如何搭建微信公众平台等都是王敏亟待解决的问题，就让我们和王敏同学一起认真学习一下有关移动电子商务的知识吧！

认知目标

1. 了解移动电子商务的概念及特点。
2. 熟悉移动电子商务的技术。
3. 掌握移动电子商务的具体应用。

技能目标

1. 能够利用工具生成二维码。
2. 熟悉移动购物流程。
3. 能够利用微信等工具进行移动营销。

素养目标

1. 培养学习移动电子商务的兴趣。
2. 提升实践能力和创新能力。

任务一 初识移动电子商务

任务描述

在决定利用移动电子商务帮助开展销售之前，王敏认为她有必要先了解一下移动电子商务。通过本任务的学习，王敏将了解移动电子商务的概念是什么，它有什么特点，移动电子商务在我国目前具体应用情况是什么样的，移动电子商务的类型有哪些，未来移动商务发展的前景如何。

任务分解

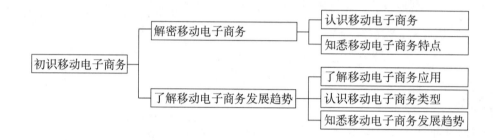

活动一　解密移动电子商务

一、认识移动电子商务

移动电子商务就是利用手机、掌上电脑等无线终端进行的B2B、B2C、C2C或O2O的电子商务。它将互联网、移动通信技术、短距离通信技术及其他技术完善的结合，使人们可以在任何时间、任何地点进行各种商贸活动，实现随时随地的线上线下购物与交易、在线电子支付以及各种交易活动、商务活动、金融活动和相关的综合服务活动等。

知识链接

移动终端

目前而言，掌上电脑已经逐渐退出移动终端设备的实体市场，目前的移动终端主要有智能手机、平板电脑、笔记本电脑等。

二、知悉移动电子商务特点

（一）交易灵活性

移动交易不受时间和地点的限制，移动互联网终端设备主要有蜂窝移动或个人数字助理，这些设备体积小巧，可随时随身携带。同时，移动交易的付费方式也多种多样，电话支付、短信支付等可以实现支付的灵活性。

（二）安全性

移动电子商务实现了移动通信与互联网技术的结合，一方面互联网的诸多技术可以保障交易的安全性，另一方面无线网络不受地理环境和通信电缆的限制，具有广泛的开放性，也带来了诸多安全隐患。

（三）便利性

电子商务可以使用户免受时间和地理位置的限制，移动电子商务则完全可以实现随时、随地、随心的交易，移动的便利性可以使消费者享受方便快捷的服务，从而提高生活质量。

（四）广泛性

电子商务的目标用户为互联网群体，而移动电子商务的目标群体则是中国众多的移动电话用户。相比之下，移动电子商务具有更广泛的用户基础。

（五）内容丰富性

互联网的信息非常的丰富，以互联网信息为主要信息来源渠道的移动电子商务能拥有传统商务无可比拟的资源。

知识链接

移动电子商务特点

与传统商务、电子商务相比，移动电子商务在时间、空间和成本上有什么特点呢？（表7-1-1）

表7-1-1　移动电子商务与传统商务、电子商务的对比

对象	传统商务	电子商务	移动电子商务
时间	绝对限制	低限制	零限制
空间	绝对限制	低限制	零限制
成本	高	低	低

王敏通过学习对移动电子商务有了初步的认识，她了解了移动电子商务的基本概念和特点。移动电子商务的应用广泛、前景广阔，王敏开启了对移动电子商务进一步的学习。

📷 活动二　了解移动电子商务发展趋势

一、了解移动电子商务应用

截至2022年6月，我国网民规模达到10.51亿，互联网普及率达74.4%。其中，手机网民规模已达10.46亿，网民通过手机接入互联网的比例高达99.6%。在这些人群中，青年人、时尚人士、高学历和高收入的人群占到很高的比例。他们往往对新技术、新事物有着强烈的好奇心，渴望新技术能给自己的生活带来变化，而且他们具有较高的消费能力和积极的消费心理。移动商务起步时期的应用充满了娱乐、时尚和生活的意味，因而受到了上述人群的广泛关注。

无线上网应用日益普及，这是移动电子商务的应用不断丰富的表现，包括手机邮件、手机搜索、手机钱包、手机博客、手机播客，都让许多人跃跃欲试。

在中国，移动电子商务的应用范围包罗万象，如在线交易、企业应用、获取信息和娱乐消费，这些服务将会在企业用户、专业人士和消费者中受到广泛的欢迎。

二、认识移动电子商务类型

（一）实物交易

实物交易指在移动终端上使用应用程序或通过移动终端上的浏览器，找到所需要的实物商

品进行筛选、下单、支付。随着移动电子商务的发展，越来越多的企业已经涉及这一领域，如图7-1-1所示。

图7-1-1　手机应用程序

（二）虚拟商品交易

虚拟商品交易指在网络环境下，通过移动终端在应用程序上或通过移动终端上的浏览器找到所需要的服务，对指定的服务下单购买，线下体验的活动，如团购优惠券、图片铃声下载、手机游戏下载及最新的在线打车等。如图7-1-2所示，用户通过移动音乐应用程序，下载想听的歌曲。如图7-1-3所示，通过高德地图，用户可以根据需要的不同，选择不同的功能，在室内即可完成打车活动。

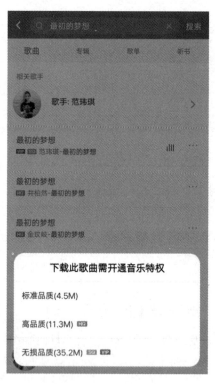

图7-1-2　音乐下载

图7-1-3　高德地图打车

（三）金融服务

用户能够随时使用移动终端在网上进行个人理财。用户可以通过数字签名和认证来管理个人账号信息、支付账单、转账、接受银行信息等的服务。如移动支付宝、移动快捷支付、移动银联、移动财付通等，都能让移动终端用户便捷地办理银行业务。

（四）购物

移动电子商务平台（图7-1-4）为用户通过移动互联网随时随地在线购物提供便利，使传统购物得以改进并增强活力。

图7-1-4 移动购物

（五）金融交易

移动电子商务的即时性特征，适用于股票等交易应用。移动终端可接收实时财经新闻和信息，也可确认订单并安全地在线管理股票交易，如华股、和讯等。

（六）娱乐

移动电子商务平台为用户提供一系列的娱乐服务，用户不仅可以在移动终端上收听音乐，下载订购特定的曲目，还能观看视频，与朋友进行交互式游戏等。

？【做一做】

下载京东和天猫应用程序，购买电子商务相关书籍，体验两款应用程序的购物流程。

三、知悉移动电子商务发展趋势

移动电子商务深入人们的日常生活，未来它在各个方面的发展将会更加契合人们的生活。移动电子商务的未来发展趋势主要体现在以下几个方面。

（一）移动化

随着移动互联网与智能终端设备的普及，越来越多的消费者在购物时选择了移动电商。从计算机端转移到移动端，消费者与互联网连接的方式已经发生了根本性的改变，移动互联网逐渐渗透至各行各业，如医疗、餐饮、美妆、住宿等。

（二）O2O化

O2O是移动电子商务的主流发展方向。移动互联网时代和工业时代的碰撞产生了中国特色化的移动O2O电子商务模式。商业本质是尽心做好产品和服务。因为消费者需要的是优质的产品和良好的服务体验。例如，快递巨头顺丰，它与电商有着密切的关系，最后它选择了以"快速配送+社区实体店+网购预售"的形式布局O2O。从发展规划看，顺丰速运还将继续扩大在全国的布点，以完成"最后一公里"的客户与市场的把握。

（三）社交化

在移动互联网上导入社交化的元素，并将社交场景和用户进行连接，已经成为移动电子商务向社交化发展的趋势。随着移动互联网、社交网络的到来，电话、短信等传统的联络方式已经逐渐落寞，商家和消费者之间的沟通方式变得多种多样，如用手机QQ、微信、微博等来维持彼此的互动关系。在移动社交媒体上，消费者能随时享受商家提供的服务，而商家也能随时了解消费者的需求，这样的联络方式使得商家与消费者之间的联系变得更加紧密。

（四）个性化

移动商务出现的初期，许多传统企业认为做一个应用程序就是移动电商，其实这种认识是非常片面的，应用程序只不过是一种传播工具而已。随着移动电子商务的深入发展，人们发现每个行业因不同行业性质出现了行业化的移动电子商务发展特点。在移动互联网转型的过程中，企业也将通过行业化突出产品和服务的个性化特性，契合其目标客户的需求。定制化服务是一对一的模式，它带给消费者的是个性的感受，追求的最终结果是没有哪两个人能够得到完全相同的体验。因此这是一种量身打造，有需有供的活动，它不会出现生产过剩，也不会出现需求饱和，进而保证经济运行的平衡与稳定。

（五）智能化

智能化是由现代通信与信息技术、计算机网络技术、行业技术、智能控制技术汇集而成的针对某一个方面的应用。移动时代要求高度的信息化，中国的信息化和智能化从出现到建设的时间过于短暂，由于建设起步较晚，政府和电商企业、物流企业、互联网技术厂商等都要从多方面进行相互配合，协同作战。只有把握好契机，才能将中国的移动电商系统驶入赶超世界先进水平的"快车道"。

（六）体验化

实体门店在过去与现在的意义不一样，过去的实体门店是商品流动的一个平台，而现在的实体门店更多的是消费者体验服务和实现与商家沟通交流的平台。由此可见，体验化将是移动电商发展的又一重要趋势。很多拥有实体门店天然优势的传统企业，已经意识到体验化优势带来的好处。例如，苏宁云店被称为"可以玩上一天的生活驿站"，将体验化做到了极致。苏宁云店采用全新的"所见即商品"的全新情景化布展模式，这意味着消费者在现场看到的产品都能够通过手机扫码进行购买。移动互联网的发展只是为电商提供了一种新的传播途径，但内容永远是传播的王道，体验化的核心不是媒体的传播，而是品牌内容的互动。因此，移动电子商务更重要的任务是为消费者制造极佳的可参与的体验化环境，让消费者与品牌深度接触，让消费者愿意分享自己亲身参与品牌的精彩体验。

通过进一步学习，王敏掌握了移动电子商务的类型，她了解到未来移动电子商务主要呈现移动化、O2O化、社交化、个性化、智能化、体验化等趋势，她更加坚定了通过开展移动电子商务的方式帮助母亲销售家乡蜂蜜的想法。

任务二 知悉移动电子商务技术

任务描述

在着手开展移动电子商务的过程中，王敏又遇到了新的困难。移动电子商务作为一种新的商业模式，涉及很多新技术，王敏对此完全不了解。通过本任务的学习，王敏将知悉开展移动电子商务涉及的一些新技术，如移动互联网技术、二维码技术、推送技术等。

任务分解

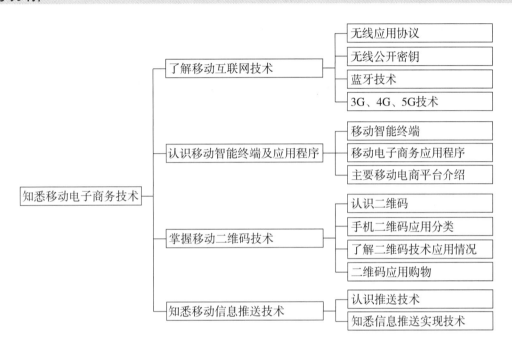

活动一 了解移动互联网技术

一、无线应用协议

无线应用协议（Wireless Application Protocol，WAP）是一个全球性的开放协议。无线应用协议定义可通用的平台，把目前互联网上用超文本标记语言（HTML）描述的信息转换成用无线标记语言（WML）描述的信息，并将其显示在移动电话或者其他手持设备的显示屏上。

二、无线公开密钥

无线公开密钥体系（WPKI）是将互联网电子商务中公开密钥体系（PKI）安全机制引入无线网络环境中的一套遵循既定标准的密钥及证书管理平台体系。人们可利用WPKI来管理在移动网络环境中使用的公开密钥和数字证书，有效建立安全和值得信赖的无线网络环境，从而较好地保证无线网络上信息发送的安全性和内容的完整性。

三、蓝牙技术

蓝牙，其实是一种短距离无线电技术，有时候我们也直接把蓝牙适配器简称为蓝牙。利用蓝牙技术，能够有效地简化掌上电脑、笔记本电脑和移动电话、手机等移动通信终端设备之间的通信。

四、3G、4G、5G技术

3G是第三代移动通信技术的简称，是指支持高速数据传输的蜂窝移动通信技术。3G服务能够同时传送声音（通话）及数据信息（电子邮件、即时通信等）。

4G是第四代通信技术的简称。4G是集3G与WLAN于一体，并能够传输高质量视频图像，功能上要比3G更先进，频带利用率更高，速度更快，2014年年初中国进入4G时代。

5G即第五代移动电话行动通信标准，也是4G之后的延伸。相较4G而言，5G拥有超大带宽、海量连接和超低时延。5G网络下行速率将从4G的百MB级别提升至GB级别，它的速度是4G网络的100倍。例如，下载一部8G高清电影，3G时代需要70分钟，4G时代需要7分钟，而到5G时代只需要短短的6～18秒。5G网络能够灵活地支持各种不同的设备。除了支持手机和平板电脑外，它还支持可佩戴式设备，开启万物广泛互联、人机深度交互的新时代。通过赋能各垂直行业，5G将为汽车、教育、游戏、医疗等传统行业插上翅膀，深度改变每个人的生活。在5G时代，道路上的一切都可以互联互通、相互感知，5G网络连接数量将达到每平方千米百万的水平，可支撑千亿级别的智慧节点接入。数据时延将大幅度下降至1毫秒，这意味着5G技术可实现车辆之间直接通信、车辆行人之间直接通信和车辆与道路基础设施之间互相通信，无人驾驶、自动控制等高新技术将有机会从实验理论真正走进现实生活。

通过学习，王敏认识到移动电子商务的实现离不开移动互联网技术的发展，移动互联网技术主要有WAP、无线公开密钥、蓝牙、5G技术等。

◉ 活动二 认识移动智能终端及应用程序

一、移动智能终端

移动终端（Mobile Terminal，MT）是指在移动通信设备中，终止来自或送至网络的无线传输，并将终端设备的能力适配到无线传输的部分。现代的移动终端已经拥有极为强大的处理能力，有内存、固化存储介质以及像计算机一样的操作系统，是一个完整的超小型计算机，可以完成复杂的处理任务。移动终端拥有非常丰富的通信方式，既可以通过GSM、CDMA、WCDMA、EDGE、3G等无线运营网通信，也可以通过无线局域网、蓝牙和红外进行通信。

现在的移动终端不仅可以通话、拍照、听音乐、玩游戏，而且可以实现定位、信息处理、指纹扫描、身份证扫描、条码扫描、RFID扫描、IC卡扫描以及酒精含量检测等丰富的功能，成为移动执法、移动办公和移动商务的重要工具。

假设人们只想携带一台设备，但需要根据位置来改变它。移动网络可以在任意给定时刻自动检测哪个终端正在被使用，并相应地发送呼叫。这些集成设备在未来可能出现的类型有：可佩戴的计算机、智能电话、图形输入板、笔记本电脑等。智能终端即移动智能终端的简称，移动智能终端拥有接入互联网的能力，通常搭载各种操作系统，可根据用户需求提供定制化功能。生活中常见的移动智能终端包括车载智能终端、智能电视、可穿戴设备等。移动智能终端如图7-2-1所示。

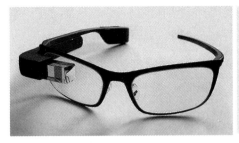

图7-2-1　移动智能终端

二、移动电子商务应用程序

（一）移动电子商务应用程序的概念

移动电子商务应用程序是一种独立的第三方移动电子商务平台，它直接安装在移动设备中，其客户访问率（打开率）高，更容易和硬件交互（如GPS定位）。同时一些移动电子商务应用程序可以提供增值服务，帮用户进入应用程序商店，并辅助进行审核。

（二）移动电子商务应用程序的分类

移动电子商务应用程序根据不同的实现方法，可以分为原生应用程序、网页应用程序及混合应用程序。

图7-2-2　在线零售移动电商

三、主要移动电商平台介绍

（一）在线零售移动电商

在线零售移动电商的功能是让用户通过互联网进行产品或服务的购买。用户可以在互联网上，通过对产品或服务的浏览、比较，选购自己满意的商品或服务，并在网上下订单。当订单送达卖方时，卖方对订单做相应的处理，并通过网上发货或者离线发货即物流配送的方式，进行货物或服务的配送。常见的在线零售移动电商有凡客、淘宝、京东、1号店、唯品会等，如图7-2-2所示。

（二）推荐导购移动电商

推荐导购移动电商有两种非常不同的类型：一种是自身不具备交易功能，只是作为一个快捷入口的推荐导购移动电商，如123WAP导航、hao123导航等；另一种是具备交易功能，通过社交属性来放大推荐导购的功能，如美丽说、蘑菇街等。

（三）O2O移动电商

O2O移动电商的功能是将线下交易的机会与互联网的技术结合在一起，让互联网成为线下交易的前台，同时起到推广和成交的作用。这类移动电商比较知名的有大众点评、美团和糯米等。其中，大众点评是目前非常热门的移动电商平台，这里以它为例进行分析。餐饮服务需要消费者到店消费，这体现了移动互联网的两个重要特性，一是基于地理位置的服务，二是用户需求即时性的满足。同时，借助手机摄像头提交带真实图片的点评，也极大地鼓舞了用户的参与性。大众点评应用程序的界面如图7-2-3所示。

（四）差旅移动电商

差旅移动电商的运作方式实际上也是O2O的一种，目前知名的差旅移动电商有携程、去哪儿等。以携程为例，携程成功整合了高科技产业与传统旅行业，向其会员提供集酒店预订、机票预订、度假预订、商旅管理、特惠商户及旅游资讯在内的全方位旅行服务。在移动电商领域，携程保留了传统的线上销售产品思路，利用限时限量的特价方式进行产品的销售和服务。携程网应用程序如图7-2-4所示。

（五）社交移动电商

社交移动电商最具代表性的就是微信，它提供公众平台、朋友圈和消息推送等功能，用户可以通过"摇一摇""附近的人""扫一扫"等方式添加好友，同时微信用户可以将内容分享给好友，以及将用户看到的精彩内容分享到微信朋友圈，如图7-2-5所示。

图7-2-3　大众点评应用程序

图7-2-4　携程网应用程序

图7-2-5　微信朋友圈

随着移动互联网技术的迅猛发展，智能终端应用更为广泛、普及率更高，王敏进一步学习了移动智能终端的相关知识，了解了移动电子商务应用程序的概念及分类，并深入了解各主要移动电商平台。

图7-2-6 二维码图形

活动三 掌握移动二维码技术

一、认识二维码

二维码是用特定的几何图形按一定规律在平面上（二维方向上）分布的黑白相间的矩形方阵记录数据符号信息的新一代条码技术，具有信息量大、纠错能力强、识读速度快、全方位识读等特点。手机二维码是二维码技术在手机上的应用。将手机需要访问、使用的信息编码到二维码中，利用手机的摄像头识读，图7-2-6就是手机二维码。

二、手机二维码应用分类

手机二维码的应用有两种：主读与被读。所谓主读，就是使用者主动读取二维码。实现主读，手机需要安装扫码软件。被读就是指电子回执之类的应用，比如火车票、电影票、电子优惠券等。

三、了解二维码技术应用情况

随着移动互联网以及智能终端的发展，二维码应用日趋火爆。从中国第一张电子电影票的诞生，到南航自助值机系统的成功应用，目前二维码在移动通信、文化演出、交通运输、金融、餐饮娱乐、旅游等多个行业展开实际应用。在电子票务、积分兑换、电子优惠券等方面的应用已经比较成熟。

国内二维码推广已经渗透到了食品溯源、电子购物、电子票务、商品防伪等应用领域。随着智能终端的普及应用，以及国家相关政策的支持，将会有更多的应用场景、更广阔的应用范围、更新颖的应用手法进入这个领域，二维码必将成为未来生活中必不可少的一项技术。

> **？【做一做】**
>
> 常见的二维码生成工具有哪些？利用草料二维码生成工具生成一个二维码。

四、二维码应用购物

随着近几年移动支付的高速发展，以支付宝和微信为首的国内两大移动支付均结合二维码组成了新一代无线支付方案，使人们的支付变得更加快捷轻松。目前二维码除了成为我们日常支付环节中密不可分的一环，它在之前就曾被广泛应用在零售、高科技、运输等行业。

二维码应用购物作为新兴的消费支付模式，之所以能够俘获用户的心，关键还在于它的方便。首先，二维码技术的可应用范围广，如今小小的二维码可印刷于任何介质上，杂志、产物宣传页、户外广告、宣传海报、报纸、网站等多个媒体领域均可使用，因此在生活中广泛应用。其次，二维码提供信息的移动性、便捷性以及全面性是目前其他软件无法比拟的。

用户找到百货商店促销单上的二维码，拿起智能手机，打开下载好的手机二维码软件，不到三秒钟就扫描成功。点击后直接进到了该百货的一个网址，里面是该商场各品牌、各楼层的折扣及会员积分信息。在地铁站里，超大屏幕上正展示一款最新的服装，经过的路人看到后掏出手机，扫一下一旁的二维码，就可以进入这款商品的购买页面，填写订单，送货上门，既方便又快捷。

？【做一做】

二维码在生活中应用广泛，二维码技术让移动电子商务变得更简单、高效，它为移动电子商务提供了一个低成本、快捷的入口。学习二维码技术后，王敏决定制作一个二维码，通过扫描二维码让大家更好的了解自家的蜂蜜。

登录淘宝应用程序，将收藏的商品二维码分享给你的同学，体验二维码扫码购物。

活动四　知悉移动信息推送技术

一、认识推送技术

推送技术是指通过客户端与服务器端建立长链接，客户端可以接收由服务器端不定时发送的消息。消息推送是针对Web应用开发领域的技术，指服务端以主动方式将信息送达客户端，主要用于提升用户体验，避免用户刷新页面从服务端拉取数据。例如，Web邮件中自动出现刚收到的邮件项，Web即时通信自动提示新到消息等应用场景。在实际应用场景中，客户端可能是浏览器或者iOS、Android等系统。

二、知悉信息推送实现技术

一是客户端使用的拉（Pull）的方式。这种方式就是隔一段时间就去服务器上获取一下信息，看是否有更新的信息出现。

二是服务器使用的推送（Push）的方式。这种方式是当服务器端有新信息了，则把最新的信息推送到客户端上。这样，客户端就能自动接收到消息。

虽然拉和推送两种方式都能实现获取服务器端更新信息的功能，但是明显来说推送方式比拉方式更优越。因为拉方式更费客户端的网络流量、带宽，更主要的是费电量，还需要我们的程序不停地去监测服务端的变化。

三是阿里移动推送（Alibaba Cloud Mobile Push）。阿里移动推送是基于大数据技术的移动云服务，帮助应用程序快速集成移动推送的功能，在实现高效、精确、实时的移动推送的同时，极大地降低了开发成本。移动推送可让开发者最有效地与用户保持连接，从而提高用户活跃度，提高应用的留存率。

信息推送主要有pull和push两种方式，通过学习，王敏认识到利用信息推送技术可以更高效、精准、实时地向移动终端用户推送信息，这将极大提升用户体验，做好客户关系管理。

任务三　体验移动电子商务

任务描述

最近几年O2O的商业模式十分火爆，利用微信和支付宝支付成为人们新的支付形式。王敏在思考她家的蜂蜜销售是否可以采用O2O模式或是利用微信公众平台帮助开展销售。通过本任务的学习，王敏将了解什么是移动支付，O2O的概念、优势及消费模式，微信公众平台的申请。

任务分解

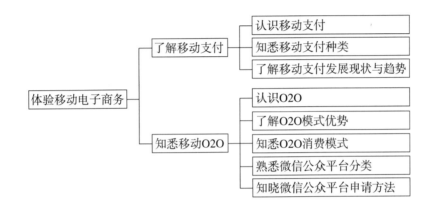

活动一　了解移动支付

一、认识移动支付

移动支付也称为手机支付，就是允许用户使用其移动终端（通常是手机）对所消费的商品或服务进行账务支付的一种服务方式。进一步来说，移动支付即单位或个人通过移动设备、互联网或者近距离传感直接或间接向银行金融机构发送支付指令产生货币支付与资金转移行为，从而实现移动支付功能。

总体而言，应用程序客户端支付仍然是用户知晓率和使用率最高的支付方式。近场支付（如NFC支付）及声波支付等新形式的支付手段，在市场中的使用率较低，但逐渐培养了认知度，随着市场环境的成熟，将释放出更大的发展空间。我们将几种常见的移动支付方式的知晓率和使用率进行了对比，如图7-3-1所示，通过该图可以更加清楚地了解移动支付方式的使用情况。

移动终端用户进行移动支付的应用场景有很多，其中网上购买商品，电话费、手机费缴费或充值是消费者使用移动支付的主要业务。另外，电影票预订、支付打车费、信用卡还款、水电煤缴费、购买彩票、转账汇款等也是消费者使用移动支付较多的业务。图7-3-2所示为各种应用场景中使用与不使用移动支付的比例对比情况。

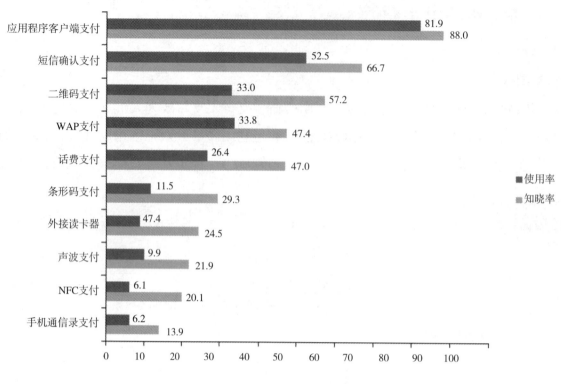

图7-3-1　常见移动支付方式对比

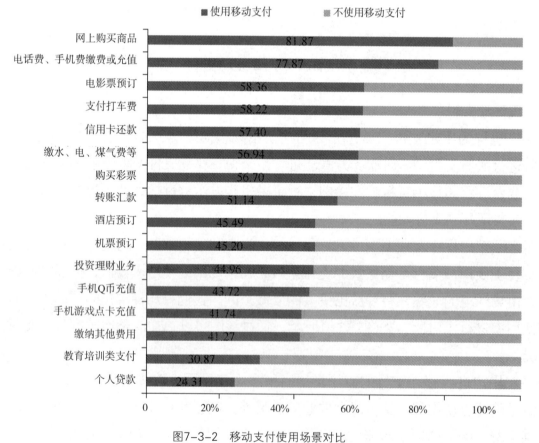

图7-3-2　移动支付使用场景对比

二、知悉移动支付种类

（一）按用户支付额额度分类

按用户支付的额度，可以将移动支付分为微支付和宏支付两种类型。根据移动支付论坛的定义，微支付是指交易额少于10美元，通常是指购买移动内容业务，如游戏、视频下载等。宏支付是指交易金额较大的支付行为，如在线购物或者近距离支付（微支付方式同样也包括近距离支付，如交停车费等）。

（二）按完成支付所依托的技术条件分类

按完成支付所依托的技术条件，可以将移动支付分为远程支付和近场支付两类。远程支付指通过移动网络，利用短信、GPRS等空中接口，和后台支付系统建立连接，实现各种转账、消费等支付功能。近场支付是指通过具有近距离无线通信技术的移动终端实现本地化通信进行货币资金转移的支付方式。

（三）按支付账户的性质分类

按支付账户的性质，可以将移动支付分为银行卡支付、第三方支付账户支付和通信代收费账户支付三类。银行卡支付就是直接采用银行的借记卡或贷记卡账户进行支付。第三方支付账户支付是指为用户提供与银行或金融机构支付结算系统接口的通道服务，实现资金转移和支付结算功能的一种支付服务。第三方支付机构作为双方交易的支付结算服务的中间商，需要提供支付服务通道，并通过第三方支付平台实现交易和资金转移结算安排的功能。通信代收费账户是移动运营商为其用户提供的一种小额支付账户，用户在互联网上购买电子书、歌曲、视频、软件、游戏等虚拟产品时，通过手机发送短信等方式进行后台认证，并将账单记录在用户的通信费账单中，月底进行合单收取。

（四）按支付的结算模式分类

按支付的结算模式，可以将移动支付分为及时支付和担保支付两类。及时支付是指支付服务提供商将交易资金从买家的账户即时划拨到卖家账户。一般应用于"一手交钱一手交货"的业务场景（如商场购物），或应用于信誉度很高的B2C以及B2B电子商务，如首信、云网等。担保支付是指支付服务提供商先接收买家的货款，但并不马上支付给卖家，而是通知卖家货款已冻结，卖家发货；买家收到货物并确认后，支付服务提供商将货款划拨到卖家账户。支付服务提供商不仅负责资本的划拨，同时还要为不信任的买卖双方提供信用担保。担保支付业务为开展基于互联网的电子商务提供了基础，特别是对于没有信誉度的C2C交易以及信誉度不高的B2C交易。做得比较成功的是支付宝。

（五）按用户账户的存放模式分类

按用户账户的存放模式，可将移动支付分为在线支付和离线支付两类。在线支付是指用户账户存放在支付提供商的支付平台，用户消费时，直接在支付平台的用户账户中扣款。离线支付是用户账户存放在智能卡中，用户消费时，直接通过POS机在用户智能卡的账户中扣款。

三、了解移动支付发展现状与趋势

随着支付宝、财付通和百度钱包等各种第三方支付工具的出现，同时随着手机、平板电脑等智能终端及互联网技术的快速发展，在短短几年的时间里，国内的移动支付市场持续保持高位增长，呈现爆发式的发展态势。根据目前移动支付的实际应用情况，可以总结出移动支付未来的发展趋势，即替代纸币虚拟化、银行服务移动化、理财工具贴身化和虚拟货币国际化。

移动支付在生活中应用的场景广泛，便捷和高效的特点被越来越多用户所接受，王敏通过学习了解了移动支付的种类及未来的发展趋势。

🎬 活动二　知悉移动O2O

一、认识O2O

O2O是指将线下的商务机会与互联网结合，让互联网成为线下交易的前台，这个概念最早来源于美国。O2O的概念非常广泛，只要产业链中既可涉及线上，又可涉及线下，就可通称为O2O。实现O2O营销模式的核心是在线支付。

二、了解O2O模式优势

O2O的优势在于把网上和网下的优势完美结合。通过网购导购网站，O2O模式把互联网与地面店完美对接，让互联网落地。O2O模式让消费者在享受线上优惠价格的同时，又可享受线下贴身的服务。同时，O2O模式还可实现不同商家的联盟。

O2O模式充分利用了互联网跨地域、无边界、海量信息、海量用户的优势，同时充分挖掘线下资源，进而促成线上用户与线下商品与服务的交易，团购就是O2O的典型代表。

O2O模式可以对商家的营销效果进行直观的统计和追踪评估，规避了传统营销模式的推广效果不可预测性。O2O将线上订单和线下消费结合，所有的消费行为均可以准确统计，进而吸引更多的商家进来，为消费者提供更多优质的产品和服务。

O2O在服务业中具有优势，价格便宜，购买方便，且折扣信息等能及时获知。O2O模式将拓宽电子商务的发展方向，由规模化走向多元化。

O2O模式打通了线上线下的信息和体验环节，让线下消费者避免了因信息不对称而遭受的"价格蒙蔽"，同时实现线上消费者"售前体验"。整体来看O2O模式运行的好，将会达成"三赢"的效果。

对本地商家来说，O2O模式要求消费者网站支付，支付信息会成为商家了解消费者购物信息的渠道，方便商家对消费者购买数据的搜集，进而达成精准营销的目的，更好地维护并拓展客户。通过线上资源增加的顾客并不会给商家带来太多的成本，反而带来更多利润。此外，O2O模式在一定程度上降低了商家对店铺地理位置的依赖，减少了租金方面的支出。

对消费者而言，O2O提供丰富、全面、及时的商家折扣信息，让消费者能够快捷筛选并订购适宜的商品或服务，且价格实惠。

对服务提供商来说，O2O模式可带来大规模高黏度的消费者，进而能争取到更多的商家资源。掌握庞大的消费者数据资源，且本地化程度较高的垂直网站借助O2O模式，还能为商家提供其他增值服务。

三、知悉O2O消费模式

与传统的消费者在商家直接消费的模式不同，在O2O平台商业模式中，整个消费过程由线上和线下两部分构成。线上平台为消费者提供消费指南，优惠信息，便利服务（预订、在

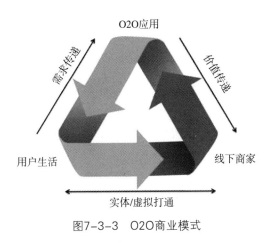

图7-3-3 O2O商业模式

线支付、地图等）和分享平台，而线下商户则专注于提供服务。O2O商业模式如图7-3-3所示。

在O2O模式中，消费者的消费流程可以分解为以下五个阶段。

第一阶段：引流。

线上平台作为线下消费决策的入口，可以汇聚大量有消费需求的消费者，或者引发消费者的线下消费需求。常见的O2O平台引流入口包括：消费点评类网站，如大众点评；电子地图，如百度地图、高德地图；社交类网站或应用，如微信、人人网。

第二阶段：转化。

线上平台向消费者提供商铺的详细信息，优惠政策（如团购、优惠券），便利服务，方便消费者搜索、对比商铺，并最终帮助消费者选择线下商户、完成消费决策。

第三阶段：消费。

消费者利用线上获得的信息到线下商户接受服务、完成消费。

第四阶段：反馈。

消费者将自己的消费体验反馈到线上平台。消费者的体验反馈有助于其他消费者做出消费决策。线上平台通过梳理和分析消费者的反馈，形成更加完整的本地商铺信息库，来吸引更多的消费者使用在线平台。

第五阶段：存留。

线上平台为消费者和本地商户建立沟通渠道，帮助本地商户维护消费者关系，使消费者重复消费，成为商家的回头客。

四、熟悉微信公众平台分类

（一）服务号

服务号为企业和组织提供强大的业务服务与用户管理能力，主要偏向服务类交互（功能类似12315、114、银行，提供绑定信息，服务交互）。

适用人群：媒体、企业、政府或其他组织。

群发次数：服务号1个月（按自然月）内可发送4条群发消息。

（二）订阅号

订阅号为媒体和个人提供一种新的信息传播方式，主要功能是在微信侧给用户传达资讯（功能类似报纸杂志，提供新闻信息或娱乐趣事）。

适用人群：个人、媒体、企业、政府或其他组织。

群发次数：订阅号（认证用户、非认证用户）1天内可群发1条消息。

（三）小程序

小程序是一种新的开放能力，开发者可以快速地开发一个小程序。小程序可以在微信内被便捷地获取和传播，同时具有出色的使用体验。

微信，让世界
看到了你！

开放注册范围：个人、企业、政府、媒体或其他组织。

开发支持：提供一系列工具帮助开发者快速接入并完成小程序开发。

接入流程：第一，注册。在微信公众平台注册小程序，完成注册后可以同步进行信息完善和开发。第二，小程序信息完善。填写小程序基本信息，包括名称、头像、介绍及服务范围等。第三，开发小程序。完成小程序开发者绑定、开发信息配置后，开发者可下载开发者工具、参考开发文档进行小程序的开发和调试。第四，提交审核和发布。完成小程序开发后，提交代码至微信团队审核，审核通过后即可发布（公测期间不能发布）。

（四）企业微信

企业微信，原企业号，企业的专业办公管理工具。企业微信与微信有一致的沟通体验，提供丰富免费的办公应用，并与微信消息、小程序、微信支付等互通，助力企业高效办公和管理。

知识链接

腾讯客服公众号

如果想了解更多公众号相关问题，同学们可以使用微信扫码进入腾讯客服公众号，联系在线客服，如图7-3-4所示。

图7-3-4　腾讯客服公众号

【想一想】

请判断以下情景分别应该用哪种类型的公众号。

学校的公众号应该选用哪种类型的公众号？

学校门口的快餐店应该选用哪种类型的公众号？

同学老乡会有无必要开通一个订阅号？

五、知晓微信公众平台申请方法

第一，打开微信公众平台官网（https://mp.weixin.qq.com/），单击右上角的"立即注册"，选择账号类型，如图7-3-5、图7-3-6所示。

第二，填写邮箱，登录您的邮箱，查看激活邮件，填写邮箱验证码激活，如图7-3-7所示。

第三，了解订阅号、服务号和企业微信的区别后，选择想要的账号类型，如图7-3-8所示。

微信公众平台
立即注册
简体中文
再小的个体，也有自己的品牌
登录
邮箱/微信号/QQ号
密码
记住帐号
找回帐号或密码
登录
扫描并关注
微信公众平台
系统公告
关于小程序恶意对抗平台规则的违规行为公告
公众号文章内图片跳转的调整通知
查看更多

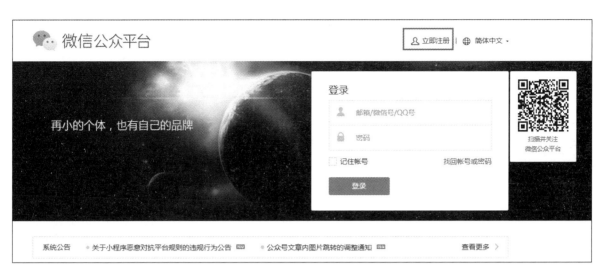

图7-3-5

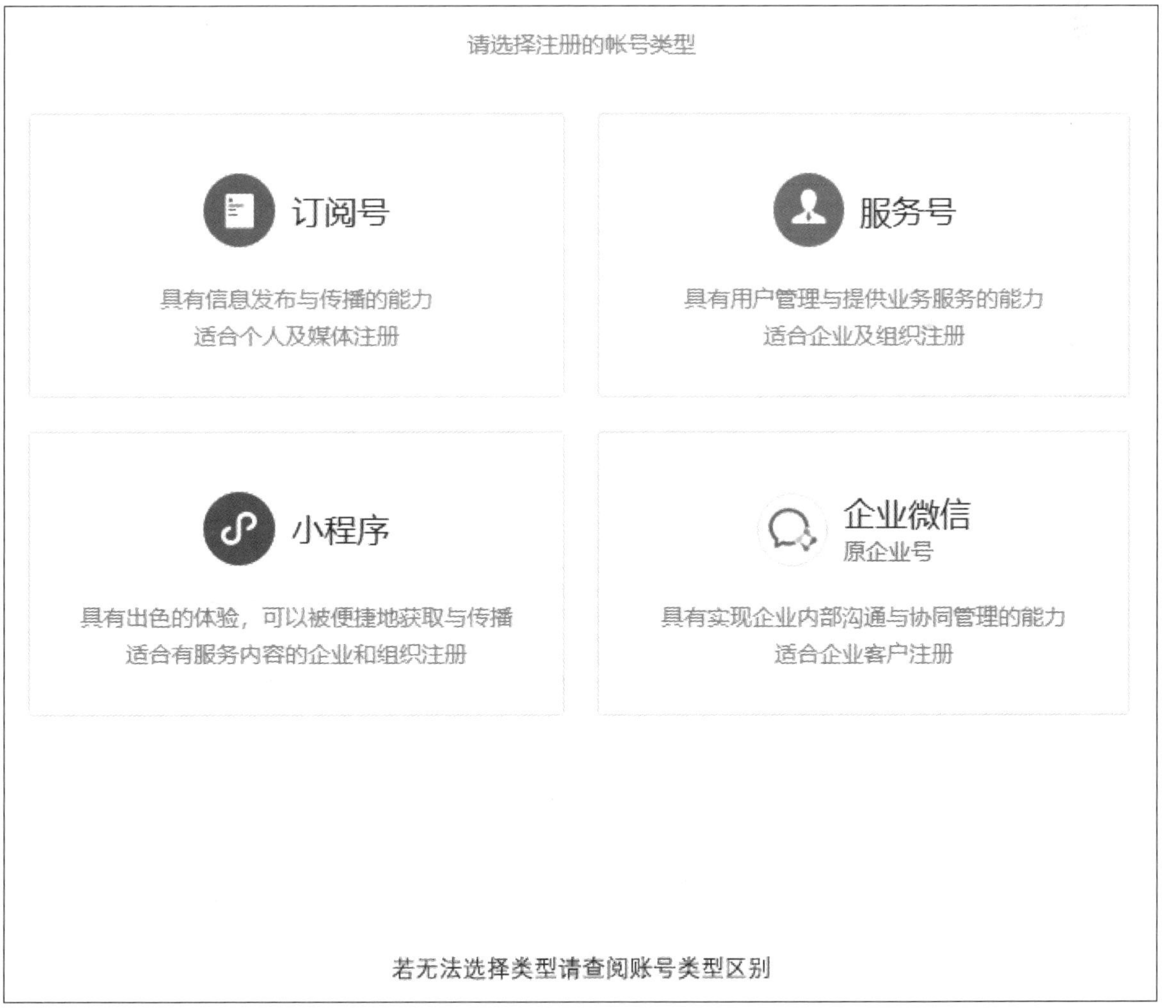

请选择注册的帐号类型
订阅号
具有信息发布与传播的能力
适合个人及媒体注册
服务号
具有用户管理与提供业务服务的能力
适合企业及组织注册
小程序
具有出色的体验，可以被便捷地获取与传播
适合有服务内容的企业和组织注册
企业微信
原企业号
具有实现企业内部沟通与协同管理的能力
适合企业客户注册
若无法选择类型请查阅账号类型区别

图7-3-6

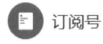

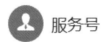

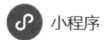

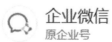

1 基本信息 ——— 2 选择类型 ——— 3 信息登记 ——— 4 公众号信息

每个邮箱仅能申请一种帐号 ②

已有微信公众帐号？立即登录

邮箱 _____ [激活邮箱] ➡ 请填写未注册过公众号和微信的邮箱

作为登录账号，请填写未被微信公众平台注册，未
被微信开放平台注册，未被个人微信号绑定的邮箱

邮箱验证码 _____

激活邮箱后将收到验证邮件，请回填邮件中的6位验
证码

密码 _____

字母、数字或者英文符号，最短8位，区分大小写

确认密码 _____

请再次输入密码

☐ 我同意并遵守《微信公众平台服务协议》

[注册] ➡ 以上信息填写完毕后，方可点击注册进入下一步

图7-3-7

1 基本信息 ——— 2 选择类型 ——— 3 信息登记 ——— 4 公众号信息

请选择账号类型，一旦成功建立账号，类型不可更改

订阅号	服务号	企业微信 原企业号
为媒体和个人提供一种新的信息传播方式，构建与读者之间更好的沟通与管理模式。	给企业和组织提供更强大的业务服务与用户管理能力，帮助企业快速实现全新的公众号服务平台。	为企业提供专业的通讯工具、丰富的办公应用与API，助力企业高效沟通与办公。
适用于个人和组织	不适用于个人	粉丝关注需验证身份且关注有上限
群发消息　　　　　1条/天	群发消息　　　　　4条/月	群发消息　　　　　无限制
消息显示位置　订阅号列表	消息显示位置　　会话列表	消息显示位置　　会话列表
基础消息接口/自定义菜单　有	基础消息接口/自定义菜单　有	基础消息接口/自定义菜单　有
高级接口能力　　　　无	高级接口能力　　　　有	高级接口能力　　　　有
微信支付　　　　　无	微信支付　　　　可申请	
了解详情	了解详情	了解详情
选择并继续 ❭	选择并继续 ❭	选择并继续 ❭

图7-3-8

图7-3-9为订阅号、服务号和企业微信在手机端展示的效果图。

图7-3-9

第四，信息登记，选择账号类型之后，填写身份证信息，如图7-3-10所示。

图7-3 10

第五，填写账号信息，包括账号名称、功能介绍，选择运营地区，单击"完成"按钮后注册成功，如图7-3-11、图7-3-12所示。

图7-3-11

图7-3-12

？【做一做】

按照教材的示例步骤，申请一个自己的微信公众号。

了解了O2O商业模式的优势和消费流程后，王敏决定通过O2O模式帮助母亲售卖蜂蜜。通过对微信公众号知识的学习，王敏还为自家的蜂蜜品牌开通了微信公众号。

项目总结

通过本项目的学习，王敏了解了移动电子商务的基本概念和未来发展前景，掌握了开展移动电子商务所需要的移动互联网技术、二维码技术和推送技术等，并熟悉和体验了目前流行的移动智能终端和应用程序。王敏还通过对O2O知识的学习，分析了她家的蜂蜜是否适合采用这种模式销售，并为她家的蜂蜜品牌开通了微信公众号。通过不断的学习和实践探索，王敏更加坚定了采用移动电子商务模式帮助妈妈开展蜂蜜销售的信心。

思政园地

汇聚磅礴力量，建设网络强国

党的十八大以来，以习近平同志为核心的党中央主动顺应信息革命发展潮流，习近平总书记举旗定向、掌舵领航，提出一系列具有开创性意义的新理念、新思想、新战略，形成了内涵丰富、科学系统的关于网络强国的重要思想。在这一重要思想的指引下，我国正从网络大国向网络强国阔步迈进。

截至2022年6月，我国网民规模为10.51亿，互联网普及率达74.4%。建成全球规模最大5G网络和光纤宽带，5G基站数达到185.4万个，5G移动电话用户超过4.55亿户，实现"县县通5G、村村通宽带"。IPv6规模部署成效显著，拥有地址数量居世界第二。我国新一代信息基础设施正朝着高速泛在、天地一体、云网融合、智能便捷、绿色低碳、安全可控的方向加速演进。我国网民规模、国家顶级域名注册量均为全球第一。互联网发展水平居全球第二。

随着无线网络的完善和智能终端的普及，移动互联网已深入人们的生活，移动电子商务已经成为一种重要商业模式。无处不在的网络、无处不在的软件、无处不在的计算、无处不在的数据以及无处不在的"互联网+"，让我们置身网络中。互联网与各行各业出现了深度融合发展的新态势，如互联网金融、互联网医疗、互联网教育、"互联网+政务服务"等都取得了明显进展。在数字化、网络化、智能化的趋势下，依托互联网的数字经济出现了快速发展的景象。如共享单车不仅在我国的一些大中城市布局，还挺进了欧美国家的一些重点城市；网络约车、网络订票等新的服务业态，为公众出行提供了极大便利，也带动了信息消费的潜在需求。智慧城市建设在全国广受重视，围绕城市的移动互联网、大数据、云计算、物联网等应用，在城市管理和服务方面显现出明显成效。人工智能、智能制造在社会和工业领域出现了新的发展势头。

党的二十大指出坚持把发展经济的着力点放在实体经济上，推进新型工业化，加快建设制造强国、质量强国、航天强国、交通强国、网络强国、数字中国。教育、科技、人才是全面建设社会主义现代化国家的基础性、战略性支撑。必须坚持科技是第一生产力、人才是第一资源、创新是第一动力，深入实施科教兴国战略、人才强国战略、创新驱动发展战略，开辟发展新领域新赛道，不断塑造发展新动能新优势。在新的历史方位上，广大学子应站在推进历史变革的潮头，肩负更加神圣的使命，以习近平新时代中国特色社会主义思想为指导，勇当推动创新发展的时代先锋，最广泛地汇聚起建设世界网络强国的磅礴力量，奋力谱写中华民族伟大复兴的壮丽篇章。

实战训练

一、单选题

1. 凡客应用程序属于（　　　）。

A. 在线零售移动电商网站　　　　　　　　B. 推荐导购移动电商网站

C. O2O移动电商网站　　　　　　　　　　D. 社交移动电商网站

2. 移动终端的（　　　）特性，可以使网上支付更加安全。

A. 便携　　　　　B. 高端　　　　　C. 私密　　　　　D. 快捷

3. （　　　）是允许用户使用其移动终端（通常是手机）对所消费的商品或服务进行账务支付的一种服务方式。

A. 移动互联网支付　　B. 网络支付　　　　C. 移动支付　　　　D. 自助支付

4. 将移动支付分为微支付和宏支付的分类依据是按（　　　）分类。

A. 支付账户的性质　　　　　　　　　　　B. 支付的结算模式

C. 用户账户的存放模式　　　　　　　　　D. 用户支付的额度

5. 下列移动电子商务平台中，属于推荐导航类的是（　　　）。

A. 美丽说　　　　　B. 敦煌签到优惠　　　C. 淘宝　　　　　D. 1号店每日惠

二、多选题

1. 微信公众号有几种类型？（　　　）

A. 订阅号　　　　　B. 服务号　　　　　C. 小程序　　　　　D. 企业号

2. O2O的消费阶段有哪些？（　　　）

A. 引流　　　　　B. 消费　　　　　C. 转化　　　　　D. 反馈　　　　　E. 存留

3. 移动商务的类型有哪些？（　　　）

A. 实物交易　　　B. 虚拟商品交易　　C. 金融　　　　　D. 购物　　　　　E. 娱乐

4. 常见的移动电商应用程序有哪些？（　　　）

A. 微信　　　　　B. 支付宝　　　　　C. hao123　　　　　D. 携程网

5. 属于阿里巴巴在移动电商领域布局的产品是（　　　）。

A. 手机天猫　　　B. 手机淘宝　　　　C. 微信　　　　　D. 支付宝

三、判断题

1. 大众点评、美团和糯米等电商平台都属于O2O移动电商类型。（　　　）

2. 手机购物导航只能选择进入某个电商平台，自身并不提供交易功能。（　　　）

3. 移动电子商务不能应用在零售行业上。（　　　）

4. APP是指智能手机的第三方应用程序。（　　　）

5. O2O模式下，产品推广效果可查，每笔交易均可跟踪。（　　　）

四、案例分析题

天猫为传统个人计算机（PC）购物时代的强势品牌，也是移动端转型成功的典型代表。天猫主要得益于大平台的自愈能力，拥有较多的资源和雄厚的势力进行转型布局。目前，天猫已经拥有4亿多买家，5万多家商户，7万多个品牌。目前天猫正积极布局跨境和O2O业务，继续完善阿里电商生态圈。

经过多年积累，天猫平台成为大卖家和大品牌的集合，拥有较高的网站知名度和用户沉淀的大数据。天猫不断优化平台服务体验，可以提供全渠道的解决方案。在新一轮线上线下融合布局中，天猫拥有较强的竞争实力。

分析：天猫O2O布局的优势。

五、场景实训题

1．手机下载携程网应用程序，注册账号，体验网上购票及预订宾馆的过程。

2．手机下载美团网应用程序或饿了么应用程序，通过团购形式或叫外卖的形式，体验O2O消费流程。

项目8 体验个人电子商务

项目概述

2021年11月12日零点，一年一度的天猫双11落下帷幕，总交易额定格在5403亿元，比较上一年的4982亿元添加了421亿元。在市技师学院学习电子商务专业的王敏深感震撼：2009年第一个天猫"双十一"的成交额只有5000万元，2021年天猫"双十一"成交额接近5000亿，短短12年间，销售额增加了约一万倍。一组组耀眼数据的背后，是庞大的电商系统，是技术的不断创新，它无声地诉说着，当前的电子商务还将拥有更为广阔的市场。随着互联网特别是移动互联网在我们生活中广泛的渗入及新零售、互联网+等概念的提出，当前电子商务的模式，除了淘宝、天猫这样的在线交易平台，还有哪些形式呢？我怎样才能加入其中呢？王敏摩拳擦掌、跃跃欲试，准备先在网络平台上开设自己的店铺，作为实践电子商务的第一步。但开通网店的前提，是要熟练掌握买卖双方之间的交易环节，经过思考，王敏打算以买家的身份作为切入点，来掌握电子商务的整个交易流程。

认知目标

1. 掌握淘宝交易活动中，买卖双方之间的交易流程。

2. 认识网络招聘的特征，熟练使用网络招聘平台。

3. 知悉在线旅游、在线教育及共享单车形式的电子商务行业应用。

技能目标

1. 能够熟练使用淘宝搜索引擎，掌握买卖双方的交易流程。

2. 学会开设店铺、美化店铺、管理店铺产品信息。

3. 认识网络招聘平台，利用模板发布简历。

4. 了解携程网的服务范围，能在携程网中预订汽车票、火车票。

5. 了解主流在线教育平台，下载相关应用程序，锻炼自学能力。

6. 总结共享单车优缺点，学会使用哈啰单车。

素养目标

1. 巩固理论知识，培养具有个性鲜明的创新精神和实践能力。

2. 提高团队合作精神，具备责任意识。

3. 培养具备"法治""诚信""敬业"的职业道德修养。

任务一 体验个人电子商务

任务描述

王敏思考：一个完整的C2C交易流程，需要买家、卖家、银行、物流等各方面共同的参与，作为一个合格的卖家，不仅要对卖家的交易流程了如指掌，同时还要了解买家的交易流程，只有这样，才能构成一个完整的C2C交易体系。但作为学生，可操作的平台不多，如淘宝网、易趣网及发展非常迅猛的拼多多等。经过对比，在中国当前的C2C电子商务交易市场中，淘宝网无论规模还是实力，均是C2C交易平台的代表，于是，王敏决定利用淘宝平台，首先采用买方身份作为切入点掌握买家注册步骤和购物流程，然后再以卖方的身份发布和管理产品，从而掌握淘宝网完整的交易流程。

任务分解

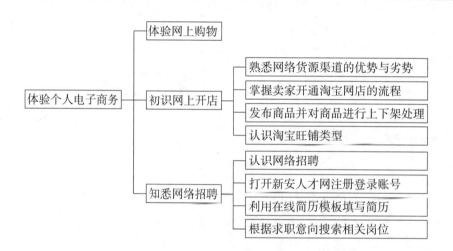

活动一 体验网上购物

中国互联网络信息中心（CNNIC）31日在京发布第50次《中国互联网络发展状况统计报告》。报告显示，截至2022年6月，我国网民规模为10.51亿，较2021年12月新增网民1919万，互联网普及率达74.4%。网民人均每周上网时长为29.5个小时，使用手机上网的比例达99.6%。在移动市场上，电子商务出现了百花齐放的局面，涌现了C2C电商交易平台如淘宝网、拼多多等，B2C电商交易平台如京东、天猫、苏宁易购等一大批富有代表性的网购平台，电子商务的发展已经成为经济前进的强大推动力。

淘宝网作为中国最大的C2C网购交易平台，无论体量还是规模，均具有代表性，王敏同学首先采用买家的身份，在淘宝上注册一个买家账号，但拥有一个买家账号后，就能够在淘宝上进行交易吗？答案是否定的，原来淘宝网为了弥补个人信用在电子商务交易过程中的不足，在电子商务交易环节中加入了支付宝这个金融工具作为交易活动的中介担保机构。支付宝担保交易流程如图8-1-1所示。

网上购物的步骤如下。

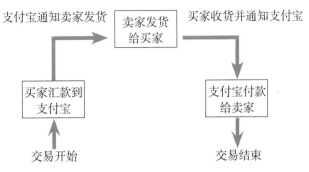

8-1-1 支付宝担保交易流程

步骤一：注册淘宝会员。

只有注册为淘宝的正式用户，才能享受淘宝网提供的增值服务，包括购买商品、开设店铺等，具体操作步骤如下。

①在浏览器中打开www.taobao.com链接，或者在手机应用商店中，搜索手机淘宝，下载安装即可。

②点击淘宝网首页的左上角"免费注册"按钮，弹出注册界面。

③认真阅读淘宝网注册协议，验证手机号，设置账号基本信息和支付方式就可以完成注册，如图8-1-2所示。

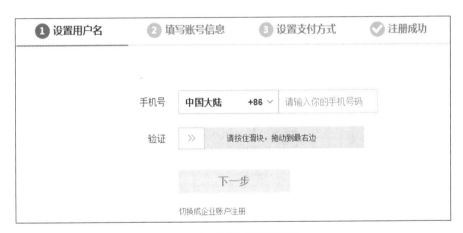

8-1-2 淘宝网注册界面

步骤二：提交订单。

①打开淘宝登录页面，输入用户名、密码。

②搜索栏中检索自己想要的产品，如交易过程中遇到了问题，可以点击旺旺图标，和卖家在线交流。

③确定商品后，点击"立即购买"按钮，如果需要购买多个产品，可以添加到购物车再提交订单。

④核对收货联系人和收货地址，提交订单，如图8-1-3所示。

步骤三：完成订单。

①提交订单后可以直接支付，如有多个订单，可以在我的淘宝—订单中心，选择需要支付的订单，合并支付。

②买家收货后，点击"确认收货"按钮，输入支付密码，评价卖家，整个交易即可完

成，如图8-1-4所示。

8-1-3 提交订单

8-1-4 确认订单和评价

知识链接

①目前淘宝提供的注册方式有两种，一种是手机号码注册，另一种是企业邮箱注册。个人大都采用手机号码注册，如果使用企业邮箱注册的话，后期还需验证个人手机号码。

②淘宝注册完成后，默认开通其对应的支付宝账户。

③提交订单前，应先设置买家的收货地址。

④提交订单后，会提示设置支付宝支付密码，其支付密码和支付宝登录密码，为两个单独密码，互不通用。

⑤订单支付可以采用支付宝网银支付和支付宝快捷支付。它们的主要区别为：支付宝网银支付需要验证用户银行登记信息，下次支付还需再次验证用户在银行的登记信息；支付宝快捷支付，只需用户在支付宝后台对其绑定，设置六位数的支付密码或指纹，下次支付的时候，支付宝只需验证其支付密码或指纹即可，方便的同时，切记要保护好所设置的支付密码，最好不定期进行更换。

知识链接

收藏商品和卖家店铺

有时买家看到喜欢的商品，暂时不急着购买，这时可以利用淘宝的收藏功能，收藏商品和卖家店铺。

一、知悉收藏商品和卖家店铺的方法

①在淘宝平台搜索商品，筛选出感兴趣的商品。

②商品底部工具栏中找到"收藏"图标。

③点击"收藏"图标，当五角星成点亮的状态时，说明收藏成功，底部文字也会对应的说明。

④点击底部工具栏"店铺"图标。

⑤在店铺首页中找到"关注"按钮，点击即可收藏，如图8-1-5所示。

8-1-5　收藏商品和卖家店铺

二、查看收藏商品和卖家店铺

①打开手机淘宝应用程序，点击"我的淘宝"进入淘宝后台。

②在淘宝后台点击上方的"收藏夹"。

③点击上方"宝贝"，对应的是所收藏的商品，点击"店铺"，对应的是收藏的卖家店铺，如图8-1-6所示。

8-1-6　查看收藏宝贝和卖家店铺

活动二　初识网上开店

经过几周的学习，王敏逐渐掌握了在淘宝网上购物的整个交易流程，而使用卖方身份进行交易，这才是她最终的目的，但是摆在她前面有几个问题：首先便是作为卖家，如何才能找到富有竞争力的货源？其次，有些卖家特别是天猫商家，他们的店铺是怎么装修的？如何才能对店铺内的商品进行管理呢？下面让我们一起了解淘宝卖家的日常工作。

一、熟悉网络货源渠道的优势与劣势

网店进货渠道的选择一直以来都是许多卖家比较头疼的问题。进货渠道多，每做一个选择都关乎自己的切身利益，所以需要十分慎重。对于中小卖家来说，在淘宝上开店的货源，大都是本地货源；还有一种是在互联网中查找货源，和卖家签署协议，让卖家代为发货，个人只充当销售员的角色，这样做的好处是投入小、没有库存的压力。

（一）网络货源渠道的优势

利用网络查找货源，其种类多，渠道丰富。进货的人都有这样的体验，如果是运动鞋、服饰马上会联想到福建莆田、晋江等地；若是提到数码产品，便会马上想到广州、深圳等地。所以说，全国各地的资源都具有其独特性。传统交易突破不了时间和空间的限制，在种类上也略显单一，而利用互联网，则没有以上的顾虑，通过互联网，可以在线查找供应商，可以查看买家的评价，可以实现无纸化办公。电子商务满足了卖家各种各样的需求。

随着计算机和互联网的迅猛发展，卖家可以利用网络工具，对各项贸易中的数据进行分析，从中找到热销产品。网上的供销商基本都是跟着市场去发展的，所以对卖家的选择也可起到一定的参考作用。

如今在互联网中聚集了大量的卖家，省去了许多传统市场的交易环节，这样就降低了成本，提高了卖家的竞争力，同时作为买家，又可以利用互联网，非常便捷地查询相关产品报价，所以互联网中的竞争尤为激烈。这样的市场，才会比较公平，你有充分的时间去了解不同卖家的产品和价格，经过比对，你的拿货价可以压低许多且省去了实体店铺的许多费用，价格优势就更大了。

电子商务继承和发展了传统市场中的分销业务，把传统的分销业务搬到互联网上，有很大好处。厂家可以利用互联网的优势资源，聚集一大批卖家进行分销，实现薄利多销。卖家则利用互联网低成本及便捷的信息传递优势，达到售货的目的，同时又不用担心自己的积货问题，这时候的卖家，就演变成销售员的角色了。

（二）网络货源渠道的劣势

利用网络查找的货源，人们最为担心的要数货源的质量了。当前在互联网上，鱼龙混杂，许多供应商滥竽充数，作为新手卖家，如果前期对货源缺乏足够的了解，那么要挑选一个优质的供销商是有一定难度的。

对于中小卖家来说，除了需要选择优质的产品，还要重视产品的售后服务，随着《中华人民共和国电子商务法》的实施，七天无理由退货成了常态，对于大众快消品如服装，它的

售后服务相对简单，像电子产品如手机，有些问题需要使用一段时间才能体现出来，所以没有一个良好的售后服务体系，对于卖家来说就得不偿失了。

据了解，对于小卖家，其实进货价一般都不是很低，相似的货源在互联网上很容易找到，由于小卖家自身没有特色，缺乏核心竞争力，处在这样的环境中，非常容易陷入价格战中，所以很多小卖家，就成了竞争中的牺牲品。

二、掌握卖家开通淘宝网店的流程

打开淘宝注册页面，以卖家身份进行注册，在此之前，如果注册过，只需登录淘宝后台，点击"我是卖家"，打开"免费开店"页面，按提示流程开通店铺即可，具体的操作流程如图8-1-7所示。

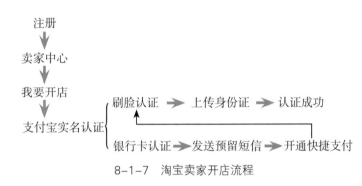

8-1-7 淘宝卖家开店流程

①注册卖家淘宝账号时，淘宝网同样提供手机和邮箱两种注册方式，卖家可按需要注册。但是用户名注册过后就不能变更，所以，卖家应当设置和主营商品相关的用户名，这样买家搜索商品时，可以通过店铺名称联想到主营产品，从而提高点击率。

②实名认证需要本人的身份证、银行卡以及手机号，手机号码应当为本人在银行预留的号码。如若需要在支付宝中开通快捷支付功能，还应当在银行快捷支付的模块下，预留手机号码。

三、发布商品并对商品进行上下架处理

登录淘宝卖家后台，在宝贝管理中点击"发布宝贝"，根据宝贝属性，选择宝贝相关类目。通常卖家可以发布一口价、拍卖两种类型的宝贝，按要求填写宝贝属性，点击下方的"提交宝贝信息"即可发布商品，如图8-1-8所示。

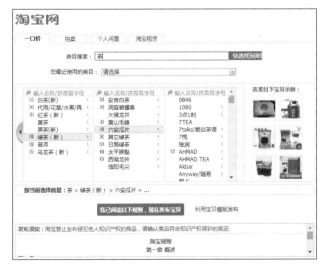

8-1-8 淘宝商品发布

　　有时我们店铺中的商品突然消失了，在淘宝上也搜索不到，其实有可能是被系统下架了。系统下架商品主要有两个方面的原因：一个原因是你的商品在某些方面违反了淘宝的规则，比如在宝贝标题上用了"最好""最高"等关键词；另一个原因是宝贝的下架时间到了，淘宝宝贝，上下架时间为7天一个周期，依次循环，卖家可以借助第三方软件，设置宝贝自动上下架。

　　进入卖家中心，点击宝贝管理栏目下"出售中的宝贝"，即可对宝贝进行下架处理，如图8-1-9所示。点击宝贝管理栏目下的"仓库中的宝贝"，即可对仓库里面的宝贝进行上架处理，如图8-1-10所示。

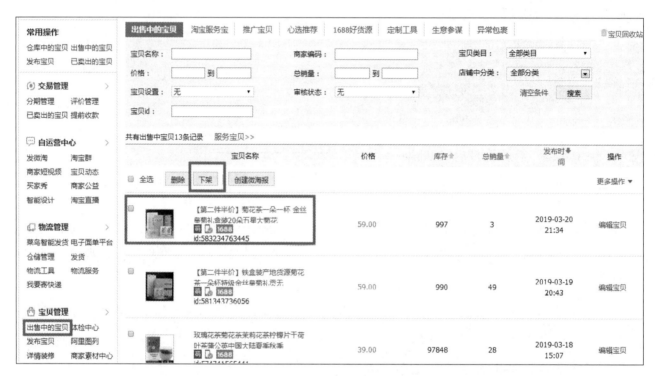

8-1-9　对店铺中的宝贝进行下架处理

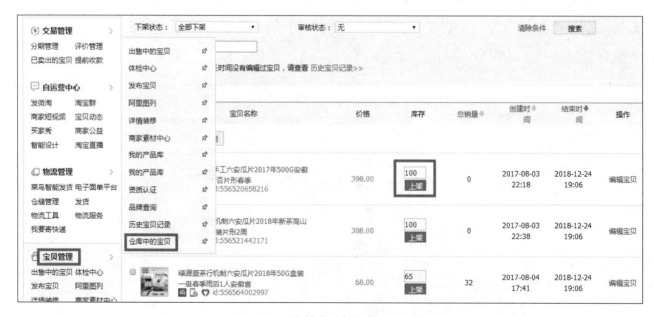

8-1-10　对店铺中的宝贝进行上架处理

四、认识淘宝旺铺类型

在认识淘宝旺铺类型前我们先了解一下什么是淘宝旺铺。当我们装修店铺时，淘宝后台需要下放一些装修权限，淘宝根据卖家的实力，将其划分为不同的商家，下放给他们一些装修权限，这样就有了可以给淘宝商家自行设定的旺铺装修平台。淘宝旺铺简言之，就是为不同类型的旺铺设置不同类型的权限。卖家根据自身对店铺装修的要求，选择相对应的旺铺类型。目前淘宝里面有三种旺铺版本：其一是基础版，就是最原始的，只要开店就提供的；其二是专业版；其三是智能版。为了让中小卖家有一个良好的体验，在卖家的信誉还未达到一钻时，可以免费使用旺铺专业版，当卖家信誉达到一钻时，付费使用旺铺专业版、旺铺智能版，如图8-1-11所示。

旺铺专业版相比于旺铺基础版，拥有多种修改权限，比如卖家可以自己上传页头背景，可以搭配出计算机端店招全屏显示等效果。

（一）个性丰富的店铺首页

在旺铺基础版中，卖家能对店铺首页修改的地方很少，这就造成千篇一律的模式。这种千篇一律的店铺首页在交易的过程中，降低卖家的新鲜感，而个性丰富的店铺首页，能让卖家的店铺显得更为专业，从侧面上刺激消费者的购买欲望。

8-1-11　淘宝旺铺专业版和智能版

（二）新增功能

旺铺专业版比基础版新增了5种功能，分别是页头背景、页面背景、页尾自定义、旺旺悬浮功能、预置免费试用模板。新增的旺旺悬浮功能，使在线客服显得更加个性，解决了基础版旺旺常常阻挡用户查看信息的问题。

（三）升级功能

为了使网店更具个性化，旺铺智能版在旺铺专业版的基础上进行了功能上的升级，如可以设置5个自定义页面，可在淘宝的模板内嵌入自定义的html代码。相比于旺铺专业版，旺铺智能版在计算机端的装修上增加了全屏海报和全屏轮播模块，另外还增加了左侧悬浮导航的功能。旺铺智能版和旺铺专业版最大区别还是在于，手机端的装修中，智能版旺铺可以用智能双列宝贝和智能单列宝贝，有美颜切图和智能海报功能，有标签图模块和海量模板，实现个性化店铺的一键安装。旺铺智能版如图8-1-12所示。

人们通常会有先入为主的思想，一个装修精良的店铺，能够给顾客带来赏心悦目的感

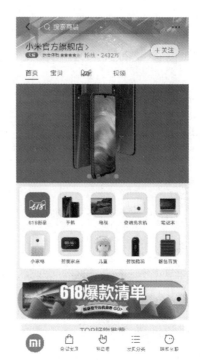

8-1-12　旺铺智能版

觉，进一步加深顾客的好感，由此可见店铺的装修是非常重要的。店铺的装修对吸引顾客、提高顾客转化率来说，尤为关键，因为只有能够吸引人眼球的店铺，才能让顾客有点开商品的冲动。因此刚开店的新手卖家，不要轻视了旺铺装修对顾客的吸引效果。

高转化率的宝贝描述

知识链接

淘宝网数据报告

　　2018年《淘宝数据报告》指出，2018年有超过6亿人次活跃在淘宝上，每周三是一个购物的高峰期。而每天的中午12点与晚上9点是一天之中逛淘宝的高峰期。"90后"逐步成为消费的主力。每人每天来说，女性平均每天上淘宝10次，男性7次。而且"95后"是最爽快的消费群体，在淘宝上用最短的时间买下了最多的宝贝。对于"00后"来说，"口红"是"00后"女性中的热搜第一词，超越了包包、服饰。对于"00后"男性来说"潮"是搜索的必带词，穿什么不重要，重要的是潮。"90后"也已经逐步成为淘宝的中流砥柱了，他们的平均成交金额比"80后"用户超出将近1/4。"零食"是"90后"女性搜索的热门词，"90后"女性为淘宝上各类零食投入的零花钱，最短时间内可以高达30万！"男鞋"则是"90后"男性搜索最多的词。对于已经进入婚姻时代的"80后"来说，虽然服装依旧是"80后"女性最关注的品类，可是"童装"却已经悄然占据了"80后"的女性生活。而"80后"男性和"90后"男性在"男鞋"方面达成了购物的共识。在"70后"的分析报告中，"狗狗衣服"是"70后"女性中搜索最多的关键词，"牛仔裤"是"70后"男性中搜索最多的关键词。这些也一定程度上反映了现在"70后"人们的一种逐步转变的生活方式。而对于"60后"来讲，"帽子"是"60后"希望藏住一头华发的小心思，或许也藏起了妈妈们希望永葆青春的期盼。"手机"则是"60后"男性的搜索偏好，未必证明数码产品和性别气质之间的天然兴趣关联，却能凸显爸爸们不服老、不愿与社会科技进步浪潮脱节，却也想同时和子女更多地增强联络、沟通交流并建立更多共同话题的努力用心。公布中还有，2252位淘宝卖家一年喜提一个亿，年收入超百万的卖家有43.7万。

活动三　知悉网络招聘

　　经过几年的在校学习，王敏面临和大家一样的问题，那就是找工作。经过了解，王敏知道现在的应聘方式主要有以下几种：第一，每年毕业季，学校会组织相关企业来校招聘；第二，留意当地的人才市场上的招聘信息；第三，通过互联网来查询相关岗位。经过比对，王敏发现，第一种和第二种的招聘信息，均是固定时间才发布而且主要面向本区域内企业。利用互联网，不仅可以查询本地的招聘信息，而且还能够查询外地的招聘信息，信息的更新频率更高，还全天候在线。所以王敏决定利用互联网查找招聘信息。

　　一、认识网络招聘

　　网络招聘，也被称为电子招聘，是指通过技术手段的运用，帮助企业人事经理完成招聘的过程。企业通过公司自己的网站、第三方招聘网站等，使用简历数据库或搜索引擎等工具来完成招聘过程，是传统招聘形式的电子化。网络招聘具有以下特点。

　　（一）覆盖范围广

　　互联网的覆盖范围，是任何传统媒介都无法比拟的，它的触角可以轻易地延伸到世界的每一个角落。网络招聘依托于互联网的这个特点，轻易地把招聘信息传播到世界各地。例如，许多留学生毕业有回国意向，在国外就可以通过网络，查询国内的招聘信息。

　　（二）时效性强

　　利用网络平台，个人可以搜索有意向的职位，企业可以利用平台的人才库，对所需人才进行检索，这种信息传递方式是传统招聘方式无法比拟的，它不再要求时间和空间上的绝对一致，方便了双方时间上的安排。互联网的性质决定了其本身不受时间、地域、传播渠道的限制。它不仅可以迅速、快捷地传递信息，而且还可以瞬间对信息进行及时的更新。

　　（三）成本低廉

　　网络招聘在节约费用上有很大的优势。求职者通过轻点鼠标或者平台应用程序即可完成个人简历的传递，网络平台中还提供简历模板，使求职者原本需要很长时间才能完成的信息整理、发布工作，现在可能只需几小时就能够完成。用人单位只需在平台中查看求职者投递的简历，或者利用平台数据库查询人才信息，就可以找到合适的人才。

　　（四）针对性强

　　网络招聘是一个跨时空互动的过程，无论是用人单位还是求职者，都可以根据自己的要求，在平台中进行搜索。这种积极的互动，减少了招聘和应聘过程中的盲目行为。比如，在求职平台中，求职者和用人单位可以使用条件搜索，不仅便利而且也非常的精准。

　　（五）筛选功能

　　目前，构成网民主体的是一个年轻、高学历、向往未来的群体。通过上网，招聘者就已经对应聘者的基本素质有了初步的了解，相当于已经对他们进行了一次小型的计算机和英文的测试，对应聘者做了一次初步筛选。

二、打开新安人才网注册登录账号

当前从事网络招聘的企业较多，比较有名的如前程无忧、智联招聘等。下面以新安人才网为例演示本次试验操作。打开新安人才网应用程序首页，如图8-1-13所示。首页包含了就业地市选择、职位/公司搜索、职位推荐等。点击最下方"我的"导航栏，便会弹出登录界面，新安人才网支持微信、QQ第三方登录，也可使用手机号码注册登录。需要注意的是，使用第三方软件登录，也需要进行手机号码绑定。

8-1-13　新安人才网首页及登录界面

三、利用在线简历模板填写简历

登录新安人才网后，点击"我的简历"，出现新建简历模板，按照模板要求分类填写，在这个过程中，可以随时查看简历填写的完成程度，还可以对新建的简历进行预览，如图8-1-14所示。

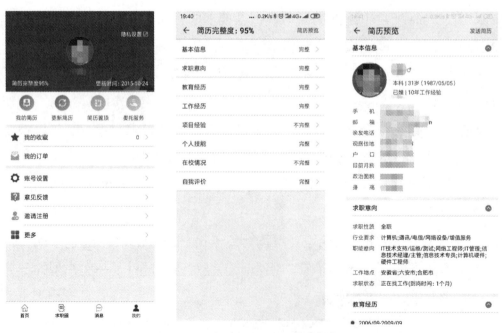

8-1-14　新建简历和简历预览模板

四、根据求职意向搜索相关岗位

不同同学的求职意向可能有所不同，新安人才网提供蓝领招聘、校园招聘、兼职招聘以及猎头，求职者还可以通过招聘会栏目，查看新安人才网定期组织的地方招聘。王敏因为刚毕业，经验不足，想要在基层磨炼自己，所以她的求职选择是电子商务专员/助理，求职地点是合肥市。点击选中岗位，在职位详情里可以查看岗位的具体要求和薪资待遇，选定岗位之后，只需点击"申请职位"按钮，求职的简历便可以发送到对应公司的邮箱里，如图8-1-15所示。

8-1-15 职位搜索

网络招聘平台，突破了传统招聘时间、空间上的限制，架起了求职者与用人单位之间的桥梁，促进了招聘信息的双向传递，实现招聘信息的精准化。一个完整的网上招聘平台，通常具有以下几个功能。

1.信息检索功能

信息检索功能，不仅使求职者方便地检索出合适的职位，还应当满足用人单位对人才的检索。同时还应当对检索信息进行优化，实现精准化检索。比如，在搜索栏下方，多添加几个岗位属性供应聘者选择，只有属性越细，才能够越了解求职者，搜索结果才能越精准，但过多的属性，增加了操作流程，降低了求职体验，所以平台设计前，就应当把握精准和细节这个度了。

2.便捷的简历管理

为了能给求职者提供便捷、高效的服务。平台通常会设计简历模板，求职者可以根据自身情况，填写相应模板，可以支持打印功能，同时还可以随时对简历进行建立、修改、刷新等操作。

3.职位推荐功能

随着大数据、云计算的发展，现代的计算机后台数据处理，越来越智能化、越来越精准，平台可以根据求职者岗位搜索记录，向求职者精准推送职位，同时根据求职者的简历描述，向用人单位推荐人才。

4. 求职攻略

有时求职者不能及时地找到工作，这时别人把自身的应聘经历发布在平台中，把其求职和面试过程中，遇到的问题——论述出来，告诉他们该如何面对。这可以使原本枯燥的求职平台，变得更加生动活泼，形成一个"求职社区"，让求职者可以在社区中自由发言、进行讨论，让求职者对平台有种归属感。

知识链接

2021年双十一战报

一年一度的双11大促伴随着12日零点的钟声落下帷幕，天猫、京东等电商平台纷纷发布了各自的最新战报。注意到，今年双11呈现出不一样的特点，中小商家站上了C位，绿色低碳也成为各平台宣传的重点。

作为双11主场，天猫双11总交易额定（GMV）格在5403亿元，创下新高，比2020年4982亿元的交易额增长了8.45%。相较之下，2020年天猫双11的GMV增速为26%。据悉，今年天猫双11有29万商家参与，其中65%是中小商家、产业带商家和新品牌。截至11月11日23时，698个中小品牌的成交额从去年从百万级增长到今年的千万级；78个去年双11成交额千万级的品牌在今年突破了1亿元。"中小商家卖得好不好、体验好不好，是今年天猫双11的重要标尺。"

今年以来淘宝天猫陆续推出了生意参谋免费、退货运费险降费等超过30项举措，双11期间又推出各类补贴、预售即回款金融服务、开放创新工具应用等14项服务，预计今年至少为商家降低经营成本150亿元。天猫公布的数据还显示，新品牌与老字号表现都较为强劲，275个新品牌连续3年翻倍增长，700多个新品牌成为细分品类第一名；截至11月11日8点，220家老字号品牌在天猫双11销售额同比增长超100%；今年双11期间，共有184个老字号在淘宝直播间直面消费者，传播传统文化。

在绿色低碳方面，今年天猫发布了双11减碳计划，首次推出绿色会场，上新50万件绿色商品，并发放1亿元绿色消费补贴。据菜鸟碳测算信息系统显示，11月1日以来，包括使用电子面单、原箱发货、装箱算法、驿站绿色回收和寄件等行为在内，合计已产生10.95亿次绿色行为，菜鸟绿色物流实现碳减排1.8万吨。其中使用菜鸟电子面单和智能装箱的包裹截至11月10日已超12亿件，从菜鸟仓发出的绿色包裹超1500万件。

来自京东的数据显示，截至11月11日23:59京东11.11累计下单金额超3491亿元，创造了新的纪录。作为对比，2020年11月1日0时至11月11日23:59，京东11.11累计下单金额超2715亿元。按此计算，今年京东双11的累计下单金额同比增长28.58%，低于去年32.83%的增速，但超过了同期的天猫。据悉，今年京东11.11有31个品牌销售破10亿，Apple破百亿；超500万农户实现增收；43276个商家成交额同比增长超200%，中小品牌新增数量同比增长超4倍；京东物流绿色供应链共减碳2.6万吨，使用循环包装1135万次。

京东方面表示，这是中小企业增长最快的京东11.11，中小品牌新增数量同比增长超4倍。京东11.11期间，京东通过降低质保金、降低扣点、基础使用费阶梯返还等一系列费用减免政策，帮助中小商家节省了约78.5%的基础成本。同时，京东推出了品牌首购礼金、品牌会员日等活动，并提供新用户补贴政策，帮助中小商家新客转化率提升了4倍。

在绿色低碳方面，京东物流与合作伙伴通过使用减量化包装、循环包装以及回收材料等举措，让消费者收到的每个包裹背后都是一份减碳账单。京东11.11期间，京东物流绿色供应链共减碳2.6万吨，使用循环包装1135万次。

团队实训

　　教师根据全班人数，将学生分成若干个小组，每个小组设组长一名，其余学生为资料准备员、银行开户员、计算机操作员。学生根据本章所学的知识，尝试开通淘宝店铺，查看淘宝买家和卖家后台，组长负责对操作流程进行记录和总结。学生在规定的时间内完成相关任务，授课教师对每个小组的总结情况进行点评。

网店客服的基本沟通技巧

网店客服如何处理顾客的不满意

任务描述

王敏掌握了C2C网店购物和店铺开设流程之后，还有一个问题困扰着她——"电子商务除了在线交易，还有其他形式吗？"

答案是肯定的，进入21世纪之后，随着智能设备的普及，互联网特别是移动互联网得到了突飞猛进的发展，电子商务的经营方式日新月异，涌现了一大批富有代表性的网站，例如，以提供网上招聘服务为主的前程无忧、智联招聘；以在线教育为主要业务的网易公开课、百度云课堂；以提供旅游服务作为切入点，涵盖了酒店订购、票务订购等服务的携程、艺龙等。随着智能手机和4G网络的普及，越来越多的人开始在移动端享受电子商务带来的便捷、高效的服务，传统的电子商务企业，也在悄无声息地发生变化。

2016年10月的阿里云栖大会上，马云在演讲中第一次提出了"新零售"的概念，未来的十年、二十年，没有电子商务这一说，只有新零售。新零售，即企业以互联网为依托，通过运用大数据、人工智能等先进技术手段并运用心理学知识，对商品的生产、流通与销售过程进行升级改造，进而重塑业态结构与生态圈，并对线上服务、线下体验以及现代物流进行深度融合的零售新模式，线上线下和物流结合在一起，才会产生新零售。

任务分解

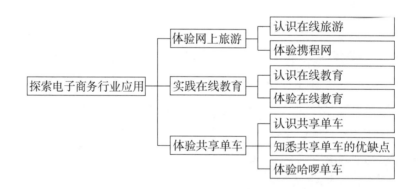

活动一　体验网上旅游

2021年是国家"十四五"规划开局之年，同时也是新冠疫情影响旅游业的第二年。国内进一步巩固疫情防控和经济复苏成果，伴随疫苗普及，虽然存在局部地区疫情反弹压力，整体呈现有效控制态势，旅游市场稳企复苏。2020年首年受突发疫情影响，旅游业呈断崖式下降，2021年相比上年旅游业有所恢复，但是还未恢复到疫情之前。从国内游客人次来看，2020年，国内旅游人数28.79亿人次，比上年同期减少30.22亿人次，同比下降52.1%；2021年，国内旅游总人次32.46亿人次，比上年同期增加3.67亿人次，同比增长12.8%，恢复到2019年的54.0%。电子商务与旅游业相结合，成为疫情之下旅游企业新的选择。一方面，游客在出门之前，想要了解与目的地相关的各种信息，并且还要享受便捷、高效的服务；另一方面，旅游企业根据市场变化，及时地把与旅游相关的各种信息，通过互联网传递给顾客。暑假马上就要到了，王敏准备和同学们出去游玩。在她面前有几个问题：旅游目的地如何选择？到达目的地有什么交通工具？到目的地住宿问题怎么解决？景点门票能预订吗？让我们和王敏一起来个寻梦之旅吧！

一、认识在线旅游

在线旅游简写为OTA，全称为Online Travel Agency，中文译为"在线旅行社"，是旅游电子商务行业的专业词语。在线旅游通常指旅游消费者通过网络向旅游服务提供商预订旅游产品或服务，并通过网上支付或者线下支付的方式付费，即各旅游主体可以通过网络进行产品营销或产品销售。在线旅游有以下特点。

（一）市场的开放程度高，竞争非常激烈

网络市场是一个开放程度非常高的市场，在这个高度开放的市场中，主要竞争在创新，竞争在如何为客户提供更加优质高效的产品和服务，传统的竞争环境发生巨大改变，为中小企业逆袭提供可能。

（二）网络市场提供更为丰富的产品和服务

在线旅游企业利用互联网，将酒店、机票、景点门票预订，融入了传统的旅游业中，通过在线客服、24小时热线以及网络论坛等方式，不仅丰富了传统旅游业的产品，还为客户提供了优质的个性化服务。

（三）在线服务市场规模的不断扩大与垄断并存

人们收入水平的提高及对精神文化的需求，推动了中国旅游市场规模的不断扩大。2008年以来，中国在线旅游市场保持快速增长，市场交易规模从487亿元增长至7000多亿元，复合增长率高达36%。2017年中国在线旅游市场交易规模为7384.1亿元，较2016年增长了24.3%。目前，在线旅游网站主要有携程、去哪儿网、飞猪、艺龙、同程、途牛。其中，除了阿里巴巴旗下的飞猪，其他几个平台或多或少的与携程相关。2014年4月携程以2.28亿美元收购同程约30%的股份，同年 5月又以3000万美元投资途牛，2015年5月以4亿美元收购艺龙37.6%的股权，2015年年底战略合并去哪儿网，在2017年12月29日同程与艺龙正式合并为"同程艺龙"后，原为同程第二大股东、艺龙第一大股东的携程，变为新公司最大的股东，再加上早期携程与去哪儿网的合并，六家主要平台里除了飞猪，都属于携程系。

二、体验携程网

王敏经过百度查询得知，当前提供旅游服务的网站有很多，其中携程、去哪儿网、飞猪、艺龙的市场占有率相对较高。在市场格局方面，中国在线旅游市场份额进一步集中，以携程、去哪儿网为主体的携程系共占63.9%的市场份额。于是王敏选择携程为本次的寻梦之旅保驾护航，携程网的主页如图8-2-1所示。

（一）旅游目的地的选择

打开携程网目的地模块，此模块提供旅游目的地查询，热门旅游目的地资讯。消费者如果目的地明确，只需输入地方名称，就会展示出目的地相关信息；如果目的地不明确，可以通过浏览别人的旅游攻略，来寻找旅游目的地。

图8-2-1　携程网主页

（二）交通工具的选择

携程网提供飞机票、火车票、汽车票的在线预订，用户只需输入出发地、目的地、出发日期，便可以检索出相关票务情况，还提供特价机票的增值服务，让客户足不出户就能享受到电子商务带来的便捷、低廉、高效服务。

（三）酒店预订

2021年携程四大主营业务业绩平稳。从全年营收来看，住宿预订收入81亿元，交通票务收入69亿元，旅游度假收入11亿元，商旅管理收入13亿元。携程不仅支持国内国际酒店的预订，还提供民宿、会议、团购等增值服务。携程酒店预订流程如图8-2-2所示。

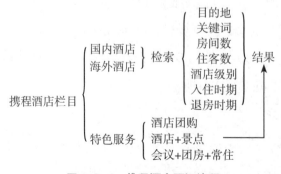

图 8-2-2　携程酒店预订流程

（四）门票预订

在携程网景点门票预订模块搜索需要预定的景点名称便可检索出相应价格，携程网支持多种形式的预订，比如成人票、儿童票、特惠票等，同时还有景点的介绍、预订须知、交通指南以及用户评价等内容。

旅游电子商务系统充分地利用了互联网跨越时空的便利，为传统旅游业注入了新的活力，一个完整的旅游电子商务系统，主要包含如下几个功能。

1. 信息查询功能。此功能主要为消费者提供相关信息查询服务，如旅游景点信息查询、旅游路线查询等。

2. 在线预订功能。此功能主要为消费者提供酒店客房、景点门票、机票、火车票等的预订服务。

3. 代理人功能。旅游服务网站不仅要面对消费者，同时也要面对各种中介机构，如机票中介商、第三方旅游公司等。旅游服务网站可以利用平台为消费者提供相关服务。

活动二 实践在线教育

随着互联网特别是移动互联网在我们生活中的深入，我们面临一个崭新的世界，跨越时空的学习和工作方式成了可能，传统获取知识的途径发生了翻天覆地的变化，知识获取渠道变得灵活与多样。随着智能教育时代的到来，以及人们对知识需求的深化和消费意识的觉醒，以"轻知识"为产品的知识付费平台相继出现。它融合了在线教育、MOOC、知识付费等，多种元素基础之上，B2B2C在线教育平台成为互联网教育的新模式。人工智能+教育成为新的技术研发方向并出现在各类教育产品中。据CNNIC统计，2016-2020年我国在线教育用户规模整体呈上升趋势，截至2020年12月，我国在线教育用户规模达到了34171万人，较2016年增长了20407万人；使用率达到了34.6%，较2016年增长了15.8个百分点。疫情当下，在线教育保持迅猛增长的势头。

一、认识在线教育

在线教育即E-Learning，其通行概念约在10年前提出来，知行堂的学习教练肖刚将E-Learning定义为：通过应用信息科技和互联网技术进行内容传播和快速学习的方法。E-Learning的"E"代表电子化的学习、有效率的学习、探索的学习、经验的学习、拓展的学习、延伸的学习、易使用的学习、增强的学习。美国是E-Learning的发源地，有60%的企业通过网络的形式进行员工培训。1998年以后，E-Learning在世界范围内兴起，从北美、欧洲迅速扩展到亚洲地区。越来越多的国内企业对 E-Learning表示出了浓厚兴趣，并开始实施E-Learning解决方案。

在线教育的特点如下。

（一）突破了传统教育在时间和空间上的限制

在线教育满足了互联网，特别是移动互联网时代，用户对碎片化学习的需求，突破了传统教育在时间和空间上的限制，让用户足不出户就能享受互联网带来的便捷、高效服务。

（二）个性化教学

学生在教学平台中，可以依据教师的简介、教学风格等标准进行个性化的订制，同时利用智能设备应用软件及时掌握学习进度和学习情况。随着大数据、人工智能等新技术的发展，平台商可以通过新技术精准地掌握教师的授课状况及学生的需求情况，为用户提供个性化的服务。

（三）共享优质的教学资源

在线教育弥补了传统教育在教育资源上不平衡的状况。利用互联网的特点，可以促使优质的教学资源得到共享，促进优质教学资源的传播，激发优质教学资源的活力。

二、体验在线教育

百度传课是中国教育领域新兴的在线教育平台，致力于用互联网的方式来打破中国教育资源地域分布的不平衡，精心打造在线课程发布网站、直播互动教室，提供在线直播互动的一站式全方位的专业教育服务。

（一）百度传课应用程序首页布局

打开百度传课应用程序，首页为课程推荐，最上方是搜索栏，用户根据自身的需要搜索相关课程；中间为菜单栏，对课程的类型进行了细分，包含职场、技能、人文等；底部为导航栏，分别为课程推荐、我的课程和个人中心，如图8-2-3所示。

图8-2-3　百度传课应用程序首页

（二）登录百度传课应用程序

百度传课应用程序界面简洁明了，点击底部导航栏上面的"个人中心"，便会出现登录界面，百度传课应用程序提供百度账号直接登录，也可以使用第三方软件进行授权登录，无论使用百度账号登录，还是第三方软件授权登录，均需要对手机号进行绑定，如图8-2-4所示。

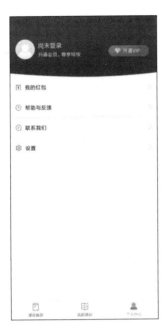

图8-2-4　百度传课登录

（三）体验百度传课网络课程

在搜索栏中搜索需要学习的课程，根据搜索结果，选择相关课程进行播放，有些课程还支持离线下载、课程收藏等功能，点击底部导航菜单"我的课程"，在"我的课程"栏目里，点击"历史收听"，便可出现近期所播放的视频。教学视频体验如图8-2-5所示。

图8-2-5　教学视频体验

当前在线教育产品主要有手机应用软件类教育产品和网站类教育产品两种。手机应用软件类教育产品充分发挥互联网的优势，使碎片化学习方式成为可能，受到广大职场人士的欢迎；网站类教育产品则通过更加丰富的呈现形式，更加友善的用户界面，面向更广大的人群，比如各个学业阶段的学生群体等。在线教育产品通常有课程管理功能、个人管理功能和课程服务功能。

1. 课程管理功能

课程管理功能包括了课程分类、课程收藏、课程播放、课程上传、配套资料下载等内容，随着网络直播的兴起，课程直播也成功应用在网络教育上，有效地解决了教与学互动的问题。

2. 个人管理功能

个人管理功能主要包括对个人学习计划、学习进度、笔记等内容的管理，让学习者及时掌握学习情况，为课程规划做好准备。

3. 课程服务功能

智能设备和网络的不断发展进一步促进了在线教育的发展，在线教育平台将利用大数据、人工智能等新技术，为学习者提供更加合理的课程计划和精准的课程内容，提高学习者的学习效率。可以确定，未来在线教育将是传统教育的有效补充。

◉ 活动三　体验共享单车

随着智能设备和移动网络的不断发展，特别是5G、互联网+等一大批新技术的涌现，电子商务正以前所未有的速度改变着我们的生活方式。共享单车的出现，方便了我们的日常出行，解决了"最后一公里"出行问题。据网经社、智研咨询统计数据2021年中国共享单车用户规模达3亿人，较2020年增加了0.18亿人，同比增长6.38%。 随着用户规模的增加，市场规模也不断扩大，2021年中国共享单车市场规模达320亿元，较2020年增加了73亿元，同比增长29.55%。

一、认识共享单车

共享单车（自行车）企业通过在校园、地铁站点、公交站点、居民区、商业区、公共服务区等提供服务，完成交通行业最后一块"拼图"，带动居民使用其他公共交通工具的热情。与其他公共交通方式产生协同效应。共享单车是一种分时租赁模式，也是一种新型绿色环保共享经济。

二、知悉共享单车的优缺点

共享单车的出现，是电子商务在移动出行领域的一次伟大尝试。它在减少空气污染、缓解交通压力、优化人们的出行方式、解决人们"最后一公里"的出行等方面，发挥至关重要的作用，但是其缺点也不容忽视，具体表现在以下方面。

（一）共享单车随意乱停乱放

共享单车属于无桩车，没有固定的停放地点，有些使用者只顾自己方便，随意停放，加上监管部门的缺失，导致乱停乱放现象的出现，更有甚者占用应急车道，不仅阻碍正常交通，还有损城市形象。

（二）一定程度上造成了资源浪费

共享单车激活了传统自行车行业，使很多濒临破产的生产企业重新焕发出生机。但随着共享单车公司盲目扩展、共享单车市场中无序竞争、后续维护的缺失等原因，许多共享单车被废弃。据统计，2017年市场投放的共享单车约2000万辆，加之前期投放的，这个数据就非常庞大了，损坏、废弃的共享单车更是不计其数。就北京而言，共享单车坟场不少于10个，这不仅造成了严重的资源浪费，同时还破坏市容、危害环境。

（三）共享单车基础配套不完善

在许多城市中，非机动车道还未建设好，即便拥有非机动车道，共享单车违规停放、占用机动车道等情况也时有发生，严重影响了市容，妨碍市民正常的交通出行。共享单车经营企业维护不当，也是共享单车不能被充分利用的很大原因。据统计杭州市每1000辆共享单车，配备一位后勤维护人员，其实这样的配备是远远不够的，共享单车几乎每天都要经历风吹日晒，零件被盗、受损的概率较大，许多受损部件来不及维修和更换，这会让使用者的生命安全得不到保障。

（四）押金难退问题

当前哈啰单车、永安行等共享单车支持芝麻信用免押金，还有一些共享单车品牌要支付几十到几百元的押金，虽然共享单车运营企业对押金退款都有明确路径，但却较为烦琐。

三、体验哈啰单车

哈啰出行成立于2016年，是专业移动出行平台之一，旗下包括哈啰单车、哈啰助力车、哈啰顺风车、哈啰打车等产品。2017年哈啰出行获得蚂蚁金服、复星、纪源、成为资本等知名投资机构的投资，同年10月与江苏永安行低碳科技有限公司合并，全面接入阿里巴巴芝麻信用体系。

首先打开支付宝，在首页可以看到哈啰出行应用图标，如果没有，可以在搜索栏中检索哈啰单车或者共享单车。

哈啰出行目前支持单车、助力车、顺风车三种出行工具。哈啰单车就是目前常用的自行车。哈啰助力车内置电池驱动，没有免费骑行服务。哈啰顺风车是搭便车、顺路车、拼车的意思。根据不同城市制定不同的收费标准，起步价通常为5元到10元，里程的分摊费基本为每千米1元。哈啰单车应用界面如图8-2-6所示。

找到哈啰单车前部二维码，或者输入车身编码，点击扫码开锁，打开后，可以查看到车子的所在位置，会提示超过蓝线需要额外加收费用，要注意查看使用单车规则。

使用完毕，关闭智能锁，支付宝直接按使用规则收费，用户根据自己的实际情况，选择月卡支付或者使用余额支付，如图8-2-7所示。

图8-2-6　哈啰单车应用界面

图8-2-7　哈啰单车使用流程

团队实训

实训名称：体验携程网在线旅游服务。

实训目标：了解在线旅游的商务模式和功能。

实训内容及要求：

①注册成为携程网的用户。

②了解携程网每个区域的功能及特色。

③尝试在携程网上搜索火车票或机票,并统计携程网上支持的支付方式。

实训任务及步骤:

①教师将全体同学分成若干小组,各小组设组长一人,教师说明实训内容,以小组为单位分配实训任务。

②教师指导学生在携程网上注册用户,体验携程网各功能模块,尝试在携程网上预订机票或者火车票,无须支付。

③小组长统计小组成员在携程网上每个模块的预订流程,并在Word中整理其步骤。

④组内讨论交流,谈谈携程网在旅游服务方面给用户带来的便利。

⑤讨论交流结束,教师根据各小组提交的材料进行点评,并提出相关合理化的建议,任务结束。

项目总结

本项目以王敏为主线,让学生模拟淘宝购物,学习开店步骤,并在网上开店活动中加入了网店货源选择、旺铺选择、商品管理等常用环节。学生体验了淘宝买家和卖家角色,知悉了网络招聘,认识了三个电子商务的行业应用,锻炼了电子商务思维,积累了宝贵的实践经验,为在电商行业就业,乃至以后的创业奠定了坚实的基础。

思政园地

"假燕窝"事件

2020年10月25日,一个知名主播在快手直播间向粉丝推荐了一款名为"茗挚牌小金碗碗装燕窝冰糖即食燕窝"。11月4日,有消费者质疑在直播间售卖的即食燕窝"是糖水而非燕窝",并要求主播对此作出解释。随后,该主播就质疑进行回应,为了验证品牌的真实性,他连开数罐新燕窝进行演示并拿出了产品检验报告自证清白。

2020年11月19日,职业打假人王海在微博发布了中广测出具的检测报告,直指该主播所售的即食燕窝产品"就是糖水",且"该糖水不含蛋白质和氨基酸,检测结果唾液酸含量为万分之一点四",而唾液酸在燕窝中的含量在3%-15%左右,直接地证明了该主播在直播间售卖的即食燕窝"是糖水而非燕窝"。

面对舆论的不断发酵,2020年11月27日晚该主播在微博上承认该燕窝产品在直播推广销售时,确实存在夸大宣传,将召回全部售出产品,并退一赔三。该产品在直播间共售出57820单,销售金额15495760元,共需先退赔61983040元。同时,该主播还公布了团队整改方案,将深刻反省内部管理,严抓品控,启动内部整改升级,所有主播和团队加强专业学习与培训。

随后市场监督管理部门、消费者权益保障部门快速介入,按照相关的法律、法规,对改主播直播团队及其燕窝商家做出相应处罚,吊销其营业执照并按规定赔偿消费者,快手也表示将永久封闭其账号。

同学们！网络虽然虚拟，但并非真空，"法律"为"网络"套上了颈箍咒，一名合格的电商行业从业者，诚实守信，合法、合规的经营，是其必备和先决条件。

实战训练

一、单选题

1. 以下属于C2C购物网站的是（　　　）。

A. 京东 　　　　B. 淘宝 　　　　C. 当当 　　　　D. 阿里巴巴

2. 对电子交易的主体叙述不正确的是（　　　）。

A. 企业 　　　　B. 消费者 　　　　C. 政府 　　　　D. 电子交易行为

3. 不属于网上付款的类型有（　　　）。

A. 电子现金付款 　　B. 电子支票付款 　　C. 电子钱包付款 　　D. 货到付款

4. 旅游企业内部电子商务的主要内容不包括（　　　）。

A. 尽量应用网络手段进行内部和外部沟通

B. 旅游产品的电子支付

C. 产品信息与客户信息共享

D. 增强企业的团队合作

5. 网络招聘属于什么类型的电子商务？（　　　）

A. C2C 　　　　B. B2C 　　　　C. G2G 　　　　D. O2O

二、多选题

1. 天猫商家实名认证的方式包括（　　　）。

A. 手机号码认证 　　B. 企业营业执照 　　C. 法人身份证 　　D. 企业对公账户

2. 中小卖家通常可以采购货物的网上平台有（　　　）。

A. 淘宝网 　　　　B. 京东网 　　　　C. 阿里巴巴 　　　　D. 聪慧网

3. 电子商务对传统教育产生深刻的影响，具体表现为（　　　）。

A. 教育的目标 　　B. 教育的内容 　　C. 教育的方式 　　D. 教育的手段

4. 综合型电子商务网站一般具有哪些功能？（　　　）

A. 检索功能 　　B. 旅游资讯功能 　　C. 网络交易 　　D. 邮箱功能

5. 电子商务企业相比于传统企业拥有哪些优势？（　　　）

A. 交互性强 　　　　　　　　　　B. 感官性弱

C. 处理问题快速便捷 　　　　　　D. 突破时间和空间限制

三、判断题

1. 电子商务降低了商品流通成本，提高了交易速度和效率。（　　　）

2. 旅游电子商务系统中包含了信息流、资金流、物流等功能，其中信息流居于最重要的地位。（　　　）

3. 电子商务推动了旅游企业更容易地走向国际。（　　　）

4. 在淘宝卖家认证的过程中，卖家可以使用邮箱认证，不需要手机认证。（　　　）

5. 携程网中，不仅可以订购景点门票，还能订购机票、火车票、酒店。（　　）

四、简答题

1. 想一想，一个完整的淘宝交易形式除了卖家、买家，还有哪些参与方？论述各参与方在交易过程中的作用，试列举说明。

2. 网络招聘中，除了新安人才网，还有哪些著名的招聘网站？

3. 通过百度查询当前主流的在线旅游服务平台，浏览它们的网站，与传统旅行社相比它们有何优势？

4. 总结在线教育的特点，与传统教育相比，在线教育有哪些优势和劣势？

5. 常见的旅游电子商务类别有哪些？各类具体内容是什么？

五、场景实训题

实训名称：认识移动电商出行工具。

实训目标：知悉主流移动电商出行平台，体验移动出行工具。

实训背景及要求：随着电子商务的不断发展，互联网+衍生出许多新的行业，这些新行业正在以前所未有的速度改变着我们的生活方式。在移动出行领域，出现了共享单车、顺风车等形式。在本次实训中，我们需要认识生活中主流的移动出行平台，并打开滴滴打车应用程序，完成认证，总结平台的服务项目。

六、案例分析

ofo小黄车

ofo的理念是，"骑时可以更轻松"。ofo希望不生产自行车，只连接自行车，让人们在全世界的每一个角落都可以通过ofo解锁自行车，满足短途代步的需求。

自2015年6月启动以来，ofo已在全球连接了超过1000万辆共享单车，为全球20个国家250座城市2亿用户提供了超40亿次高效便捷、绿色低碳的出行服务，减少碳排放超216万吨，相当于为社会节约了61515万升汽油、减少了103.5万吨PM2.5排放。

2017年7月6日，ofo宣布完成超过7亿美元E轮融资。该轮融资由阿里巴巴、弘毅投资和中信产业基金联合领投，滴滴出行和DST持续跟投。

8月17日，ofo小黄车进驻美国西雅图，并成功获得美国当地主管部门首次给中国共享单车企业发放运营许可，成为第一家在美国城市中正式运营的中国共享单车企业。

8月21日，ofo小黄车宣布正式进入英国牛津。

ofo小黄车与中国电信和华为共同研发的窄带物联网（Narrow Band Internet of Things，NB-IoT）"物联网智能锁"应用到ofo小黄车上。这是全球首款"物联网智能锁"，也是NB-IoT物联网技术在移动场景的首次商用。

8月22日，ofo小黄车宣布支持NFC近场支付功能的全新智能锁已完成研发开始量产，并计划于10月起逐步投向市场。这是全球首款支持NFC近场支付功能的智能锁，用户可以通过支持该功能的智能硬件"秒开"小黄车。

9月26日，ofo发布更好骑的共享单车"ofo小黄蜂"，行业首次采用跑鞋胎。另外，全球领先的共享出行大数据平台——ofo"奇点"大数据系统也首次公开亮相。

10月20日，ofo小黄车宣布日订单突破3200万，是共享单车行业日订单量增速极快的平台。

12月7日，ofo小黄车宣布入驻法国首都巴黎，这也是ofo进驻的全球第20个国家。截至2017年12月，ofo已经在海外超50座城市开展运营活动，海外已投放超过10万辆单车，累计提供超过1000万次骑行服务。

2018年1月17日，ofo小黄车正式开放共享"奇点城市慢行交通大数据平台"，向各地政府开放共享实时车辆数据，协同政府完成共享单车行业车辆的精细化运营管理，树立了行业首个协同政府管理车辆的大数据平台标准。"奇点城市慢行交通大数据平台"可实现车辆的实时监管、车辆淤积的自动管控、智慧慢行交通系统的大数据决策支持等。"奇点城市慢行交通大数据平台"处理数据历史高峰近2000万每秒，每日会产生40TB的数据。

2018年3月13日，ofo小黄车完成E2-1轮融资8.66亿美元。本轮融资由阿里巴巴领投，灏峰集团、天合资本、蚂蚁金服与君理资本共同跟投。这是共享单车行业由规模化增长转入精细化运营阶段获得的首次融资，再次创下共享单车行业单笔最高融资纪录。

2018年8月31日，上海凤凰发布公告，控股子公司上海凤凰自行车有限公司因与东峡大通（北京）管理咨询有限公司（ofo小黄车）买卖合同纠纷，于近日向北京市第一中级人民法院提起诉讼，2017年，凤凰自行车与东峡大通签订了《自行车采购框架协议》后，凤凰自行车与东峡大通签订了多份采购合同。截至起诉之日，东峡大通仍欠凤凰自行车货款6815.11万元。根据采购合同，东峡大通拖欠货款及费用的行为严重违约，为维护自身合法权益，凤凰自行车向法院提起诉讼。

顺丰向法院提出了财产保全申请，并且要求ofo小黄车支付1369万元运输费以及违约金。

在2018年12月，ofo退押金开始变得困难，ofo还想把消费者的押金变成理财产品进行运作。并且ofo从支付宝中撤出，支付宝开始合作哈啰单车，哈啰单车不要押金，而小黄车的押金却在2017年后半年涨价了，所以导致很多人开始退押金。

请同学们根据上述材料总结下ofo当前所面临的问题及原因，总结下共享单车给我们的生活带来了哪些便利。

参 考 文 献

［1］张成武. 电子商务基础与实务［M］. 北京：清华大学出版社，2017.

［2］应森林，林海青. 电子商务应用基础［M］. 上海：立信会计出版社，2009.

［3］刘春青. 网络营销实务［M］. 北京：外语教学与研究出版社，2015.